I0181736

EMOCIONES, PENSAMIENTOS Y SENSACIONES CORPORALES

LA FUERZA
DE
TU PRESENTE

con ejercicios de atención consciente
para una vida plena de sentido

LEONOR REALES

Educadora en Ciencias Humanas y Sociales

snow
fountain
press

La FUERZA
DE
TU PRESENTE
con ejercicios de atención consciente
para una vida plena de sentido

Primera Edición, 2020
© LEONOR REALES

ISBN: 978-1-951484-60-6

Snow Fountain Press
25 SE 2nd. Avenue, Suite 316
Miami, FL 33131
www.snowfountainpress.com

© Snow Fountain Press
25 SE 2nd. Avenue, Suite 316
Miami, FL 33131
www.snowfountainpress.com

Dirección Editorial:
Pilar Vélez
Corrección:
Marina Araujo
Diagramación editorial y diseño:
Alynor Díaz

Todos los derechos están reservados. Esta publicación no puede ser reproducida, ni en todo o parte, ni registrada en un sistema de recuperación de información o transmitida por esta manera, en ninguna forma ni por ningún medio, sea mecánico, fotomecánico, electrónico, magnético, electroóptico, por fotocopia, o cualquier otro, sin la previa autorización escrita de Snow Fountain Press, excepto en el caso de citas cortas para críticas.
Impreso en los Estados Unidos de América.

A ti...

Que has buscado una nueva manera de aprender
y que desde tu presente quieres una vida que te permita explorar
todas las posibilidades que mereces como ser humano.

AGRADECIMIENTOS

A mis clientes quienes durante nuestras conversaciones terapéuticas inspiraron este proyecto.

A mis amigos en todo el mundo quienes me motivan y creen conmigo en la aventura de la vida.

A mi madre, Ninfa Ramírez de Reales, quien con su amor y sabiduría ancestral fundamentó mi creencia en la edad dorada de la humanidad en la cual nos estamos adentrando hoy.

Tabla de Contenido

PARTE I

Mi querido lector...

Qué alegría encontrarme contigo en este comienzo de década, en este nuevo tiempo: inteligencia artificial, diferentes formas de comunicarnos, cambios tecnológicos a pasos inimaginables y retos en la salud pública, entre otros cambios.

Déjame que te cuente que todo este movimiento evolutivo acompañado de los eventos pandémicos recientes, produjeron en mí, además de la incertidumbre global, un miedo y una impaciencia acompañados de un ansioso sentimiento de vulnerabilidad.

Fueron días en los que me negaba a aceptar lo que estaba sucediendo a nivel social y de salud física y emocional; y, por sobre todo, no aceptaba lo que me ocurría a nivel personal, se derrumbaban los valores y las creencias que sostenían mi sentido de la vida en casi todas sus áreas, especialmente en esas que marcaban mi vitalidad para querer levantarme cada día con la alegría y la fuerza para hacer que mi vida funcionara, con todo lo que ya había edificado para mí y para mi comunidad.

Después de la primera semana de resistencia y sin poderme asir de lo conocido para entender lo nuevo que estaba pasando a nivel global, me di cuenta de que me estaba quebrando: tenía miedo a perder la salud, estaba rodeada de información confusa, competición de poderes, emociones exaltadas, incoherencias por doquier.

Fue en la segunda semana, cuando el instinto vino en mi ayuda y desde la incertidumbre decidí impulsarme y sobrevivir a este tiempo de cambio explorando esa fuerza interior que late en cada uno de nosotros, que busqué y casi que me inventé una nueva forma de adaptación, una manera diferente de hacer las cosas y rescatarme.

Empecé a transitar mis emociones, a explorar mis miedos y a permitir que ocurriera eso que estaba pulsando en mí, como potencialmente palpita en ti eso que buscas: la transformación personal.

Hoy te entrego mi experiencia personal de estos días de exploración y encuentro con mis miedos, para que tú explores los tuyos y se asome en ti el florecer del nuevo sentido de tu vida, de igual manera que ocurrió en mí.

Porque me importas, porque sin el otro no existimos, porque es en el entrelazamiento emocional y en la interacción con los otros donde se produce la experiencia humana, y desde la gratitud, con mi libro en tus manos, te comparto como un regalo: *La fuerza de tu presente.*

Leonor Reales

¿QUÉ ES LA FUERZA DE TU PRESENTE?

«..hay identidad absoluta entre el sentimiento
del presente y el sentimiento de la vida».
Gaston Roupnel, *Siloë*

La fuerza de tu presente es un estado de atención plena, con la consciencia absoluta del momento presente. Es el arte de la coherencia que ocurre cuando lo que sientes y lo que piensas está de acuerdo con la manera como decides y actúas.

La fuerza de tu presente es el valor de lo coherente y el milagro de la sincronía, es un derecho que te invito a explorar para que descubras que esta fuerza se integra en ti y hace parte de tu diario vivir, dándote la oportunidad de experimentar la vida sin los *hubieras* del pasado y sin las angustias del futuro.

Desde mi experiencia como terapeuta y educadora de las Ciencias Humanas y Sociales, y trabajando con mis clientes de diferentes países con polivalentes culturas, aprendí que para trascender el dolor y las inconsistencias emocionales se requiere un valor simple y a la vez complejo: vivir en sincronía; que tus emociones, pensamientos y sensaciones corporales caminen y que converjan, que estén de acuerdo entre ellas, que en la coherencia se manifieste el propósito personal.

Una forma de lograr que suceda es cuando validas tus estados de ánimo, cuando aceptas lo que sientes en el momento en que ocurre; sea alegría o angustia, satisfacción o la ausencia de esta, motivación o agobio; cualquiera que sea la emoción que se active, debes asimilarla y permitir que cumpla su función restauradora.

Dale la bienvenida a tus emociones, y a tus estados de ánimo permíteles hacer su trabajo, absolutamente todas son tan naturales como valiosas; si eres consciente de ellas, tus procesos y toma de decisiones ocurrirán desde adentro, desde lo que quieres que suceda en tu vida personal.

¿Cómo lograrlo? ¿Cómo integrar las emociones de manera sostenible a la vida cotidiana y que produzcan bienestar?

¿Cuál es la llave que todos queremos para abrir el cofre de la sanidad del alma?, ¿cuál es el secreto que queremos develar para explorar nuestras mejores posibilidades?, ¿cómo descubrir la gracia para despertarte todos los días y querer saltar de la cama a disfrutar la vida como quiera que esta sea?

Ser humano es la respuesta, experimentar y visionar una vida plena de sentido con todo, con lo agradable y lo no tan amable, con la paleta completa de las emociones, sin miedos, de manera genuina vivir los retos y eventos de una vida nueva en un mundo donde el bienestar lo logramos desde adentro.

Este libro es una experiencia personal, vivida al máximo en los momentos más vulnerables de mi vida, y tú estás aquí en primera fila y eres bienvenido al verdadero significado del cambio: la soberanía que te da la transformación personal desde la competencia de tu presente, para que tú mismo puedas crearte una vida plena de sentido.

Inhalo y exhalo...

El estado mágico de la atención plena

«Solo si la ciencia es acompañada de la intuición ancestral, nos permitirá trascender como raza y avanzar como una civilización consciente y feliz».
Leonor Reales

Nacemos y, como niños, observamos e imitamos comportamientos sobre cómo creemos que se hacen las cosas.

Como niño no podías elegir porque estabas siendo educado para encajar en la sociedad; luego, como adolescente, te resististe a ese aprendizaje y te abriste a la independencia (con un único inconveniente: no sabías cómo hacerlo); ahora, como adulto, te das cuenta de que llenaste tu vida con todos esos condicionamientos que de alguna forma limitaron la facultad de desarrollarte con plenitud. Igualmente, crecemos en un ambiente social y cultural que también nos moldea, nos convierte en quienes somos y nos influencia en la forma cómo nos comportamos.

La buena noticia es que esa parte esencial y divina que somos no se rinde en la búsqueda permanente del camino de regreso a la plenitud.

Ese sentir esencial y ese destino de propósito que en la antigüedad los místicos y maestros del conocimiento, monjes y sabios, encontraron, es el mismo que hoy nosotros, individuos comunes y corrientes, necesitamos para recuperar el sentimiento y para conseguir que una vida con intención deje de ser solo un anhelo.

Hoy la ciencia ha cuantificado los beneficios que se ganan al integrar estos elementos a nuestros estilos de vida, reconociendo a la respiración, la meditación y la atención plena y consciente como medios que, además de proveer equilibrio, pueden sanar enfermedades del cuerpo físico y emocional.

Inhalando y exhalando me permito aprender…

¿CÓMO HACER DE ESTE LIBRO TU OPORTUNIDAD DE CAMBIO?

«Educación no es llenar el cubo,
es encender el fuego».
William Butler Yeat

El ser humano puede trascender sus eventos personales y llegar a un estado de equilibrio a través de un trabajo interior y personal guiado desde la respiración, la meditación y el desarrollo de la intuición —que te propongo aquí— desde la ciencia y el conocimiento, y también desde la práctica de ejercicios de respiración y escritura que te dan la oportunidad de fundamentar tu propio cambio.

Sin una experiencia interior, todo lo que hacemos, aún si empezamos con una intención sana, puede salir en la dirección equivocada.

Solo necesitas un lápiz, una mente abierta y un corazón dispuesto. Observarás cómo al escribir tu nombre, tus pensamientos, tus emociones y tus sensaciones corporales, además de reducir el estrés y el incesante diálogo interno, accionas tu creatividad al explorar tus miedos, tus deseos, tus expectativas.

La ciencia reconoce y cuantifica que al escribir se despiertan mecanismos inconscientes del sistema de activación reticular que activan áreas del sistema neuronal correspondientes a la sinapsis que nos alinean con nuestra intención y propósito personal.

Un informe completo, respaldado por la organización internacional National Geographic, titulado «El lenguaje de las neuronas en el cerebro» explica cómo esta área del sistema nervioso central posibilita la conexión de nuestros impulsos nerviosos con la sinapsis; sin estas redes neuronales funcionando nuestro cerebro estaría desconectado.

Cada pensamiento, cada sensación, cada emoción y cada decisión disparan neurotransmisores y químicos naturales como las endorfinas, serotoninas y neuroadrenalinas. Todas estas sustancias en distintas áreas del cerebro, con señales específicas, son necesarias para crear los mapas de nuestro comportamiento y de nuestro proceso psicológico individual y social.

Tu vida por ley natural produce orden y a la vez se organiza en un sistema equilibrado que se integra en los diferentes factores. Cuando el equilibrio está en ti se producen tres de los «autos» más importantes del ser: la autonomía, el autoconcepto y la autoestima.

Sujetar el lápiz, pensar en las letras y buscar en los pensamientos te colocará en primer plano, le darás relevancia a eso que te importa y como por arte de magia te redescubres, te recuerda qué eres, qué te da plenitud y te comunicas con alguien de quien te habías olvidado: ¡de ti!

Respiro el poder de mi transformación...

El potencial de todas tus posibilidades

«...y está pulsando un mundo sin angustias,
porque es sin expectativas, sin pretender ser lo que
no somos donde emerge la vida».
Leonor Reales

Cualquiera que sea tu experiencia de vida en estos momentos, solo representa el uno por ciento de tus posibilidades, el resto de ellas pulsan esperando ser descubiertas.

Estamos en una sociedad viviendo en un tiempo con toda clase de información, el interactuar humano fluctúa en medio de las exigencias de salud pública, de éxito personal, de logros a precio de competencia, y donde, además, el ritmo apresurado de la vida nos impide hacer pausa.

¿Lograr lo que realmente te hace feliz tiene que ver con todo esto? Inicialmente la respuesta es no. Entonces, ¿cómo encuentras el camino de regreso a esa verdad simple y verdadera de tu ser, ese que más que ser exitoso, lo que quiere es alegría y sentido de plenitud?

Aquí vamos, sin pensamientos limitantes, a lograr esa liberación. Una vida plena de sentido late en ti y los pasos que te conducen a conquistarla están aquí y, si me lo permites, estaré aquí para acompañarte en tu aventura. En esta aventura de acompañamiento estaré: 1. en el barrido de tus *resistencias*, 2. en el darte cuenta del *cambio* que quieres hacer, y 3. en integrar tu *transformación* a tu nueva soberanía.

Inhalando y exhalando, la vida pulsa...

Los tres fundamentos de la fuerza de tu presente

«...la vida no se puede comprender en una contemplación
pasiva; comprenderla es más que vivirla,
es verdaderamente propulsarla».
Gaston Bachelard, *La intuición del instante*

La resistencia

Como cualquier especie viva, los seres humanos también nos organizamos para hacer lo que hacemos y que suceda lo que nos ocurre.

A diferencia de los animales, las plantas y cualquier macro o microorganismo vivo; nosotros no nos adaptamos de manera natural, sino que peleamos por un tiempo hasta entender que la adaptación es la que nos permite la supervivencia, el sostenimiento y la evolución, lo que quiere decir, la mejoría de nosotros mismos.

En nuestro mundo actual están ocurriendo modificaciones y cambios en todos los sistemas y entidades que resuelven adaptarse para no fracasar ni desaparecer; sin embargo, paradójicamente, nosotros en el pico más alto de las especies y como seres humanos conscientes escogemos un camino difícil, de mayor esfuerzo, que muchas veces involucra el dolor y hasta la enfermedad: la resistencia al cambio.

Como una luz de aviso la misma resistencia te dice que hay algo en ti que es tiempo de dejar ir y avanzar en nuevas rutas, y aunque esa resistencia nos permite completar un trabajo, lo hace cada vez con mayor esfuerzo.

Así como las resistencias físicas, las emocionales también tienen una capacidad y un tiempo límite para aguantar, al cabo de ese tiempo se impacta y rompe lo que estaba apoyando. Durante esta lectura vas a reconocerlas, a juzgar mejor lo que está pasando con ellas en tu cuerpo y en tus estados de ánimo. Tendrás la oportunidad de resignificarlas y así encontrar el sentido a lo nuevo que quieres forjar en ti.

El cambio

La palabra de más uso en todos los campos, medios y áreas de nuestro mundo hoy es *cambio*. Lo único que permanece para que la evolución de la vida continúe es el mágico proceso de mudanza, desplazamiento hacia adelante.

¡Es natural y necesario! A veces el cuerpo pide cambios, ya sea a través de una indisposición de salud, del aburrimiento que te produce tu trabajo actual o que es posible que ya no encuentras motivación por lo que te depare el día, ni siquiera en lo que antes sí te inspiraba; por ejemplo, reuniones con amigos, eventos de tus hijos, carrera y trabajos, etc., ¿lo mismo de lo mismo?

También se te van a revelar los cambios que quieres hacer al terminar los veintiún días propuestos, un capítulo completo, una semana de experiencia y entrenamiento para que nuevas formas y hábitos se integren en ti de manera sostenible.

Durante la segunda semana vas a tener la oportunidad de conversar con franqueza de los cambios que quieres y de experimentar las emociones que te conecten con acciones y comportamientos nuevos que te conduzcan a soltar todo lo que ya no es necesario en tu vida.

La transformacion

Los seres humanos, además de ser un compendio de órganos, huesos y músculos; somos emocionales, vulnerables, resilientes, comunitarios y, sobre todo, conscientes. Y si me lo permites, te acompañaré a conquistar tu proceso de transformación.

Estamos sobreocupados con los medios informativos y sociales llevando un ritmo de vida apresurado, y con una manera de comunicarnos, de exigencias inmediatas, que impiden el equilibrio necesario para que se den los frutos del alma: la alegría de vivir con propósito personal accionando en una sociedad satisfecha y sostenible, digna y sin limitaciones para soñar, sin dudas, sin violencia, para que las nuevas generaciones quieran permanecer y desarrollarse física y espiritualmente, conscientes y atentos a la vida que pulsa desde el momento que respiramos, que pensamos, que caminamos, que sentimos y que actuamos; tener acceso al arte de la presencia para vivir el sentido de la plenitud.

PARTE II

Los ventiún días: ¡tu conquista!

«...no invoco garantías, invoco solamente (...)
lo que seduce, lo que convence, lo que da por un
instante el goce de comprender».
Roland Barthes, *Fragmentos de un discurso amoroso*

B ienvenido a esta aventura del cambio y la transformación que buscas y anhelas integrar a tu vida. Bienvenido a dejar de resistirte, a aprender a soltar y a hacer liviano tu equipaje. Bienvenido a explorar todas tus nuevas posibilidades.

La salud, la creatividad y la esperanza, por ejemplo, son terrenos fértiles donde, como individuos inteligentes, podemos realizar una vida que tenga la intención de florecer y evolucionar.

¿Cuál es la pregunta correcta para hacernos?

¿Cómo trascender el potencial de nuestra creatividad, sin perder los privilegios de la libertad emocional y con la garantía de una experiencia vital que tenga sentido vivirla?

*En **La fuerza de tu presente** tienes tres regalos que vas a descubrir durante los veintiún días de limpieza emocional.*
Un mundo de emociones de todos los sabores serán tus acompañantes en esta aventura de equilibrio y alegría que sentirás al realizar eso que pulsa en ti —esperando ser descubierto— haciendo lo que te gusta y satisfaciendo tu propósito de vivir con intención y sentido.

Este sentir global, esta necesidad del corazón, marca que el tiempo para conectar lo que sentimos con lo que pensamos, para trascender el sendero real de la fuerza y la presencia, ya llegó.

Otro de los regalos que este libro tiene para ti es una brújula que apunta hacia rutas y mapas nuevos, para que conquistes una nueva manera de sentir, de pensar y de hacer, que manifieste en ti una Vida Plena de Sentido.

Bienvenido a estas tres semanas de acompañamiento cálido, práctico y transformador que trae el alegre descubrimiento del equilibrio, la dicha y la paz interior que produce el servir desde el talento que pulsa en ti y que espera ser desenvuelto como un regalo al final de este transformador sendero.

¡Vamos pues!

Respirando permito mi transformación...

Cuéntame de ti

Háblame de la motivación que te surge al comenzar tus veintiún días de claridad emocional, eso que emerge desde tus pensamientos al comenzar esta lectura, ¿qué emociones se mueven en tu mente y cuáles se agitan en tu cuerpo?

Este libro lo empiezas a hacer tuyo, usa estas líneas para escribir de tus pensamientos, emociones y sensaciones corporales que surgen hoy al inicio de tu lectura. Empieza con este pequeño ejercicio, es tu momento de estiramiento y calentamiento para comenzar tu aventura con el uso del lápiz, recuerda que el premio es la conquista de esta trayectoria que tu ser más íntimo ya te ha pedido.

Sin expectativas, explora, solo deslízate y cuéntame qué pensamientos se mueven hoy en ti, escríbelos en las líneas siguientes y también observa la emoción que acompaña ese pensamiento: ¿es alegría, miedo, esperanza o la frustración?

_____

_____

_____

_____

_____

_____

_____

_____

_____

_____

_____

Inhalando y exhalando me dejo llevar...

¡Excelente!

Ya empezaste tu nuevo sendero. Ahora observa que muchos de tus pensamientos han sido recurrentes en el transcurso de tu vida al menos durante este año. Nota, además, que las emociones que aparecen también te han transitado en muchos momentos y eventos a través de los diferentes estadios y procesos de tu existir.

Comenzamos esta exploración contigo como protagonista; si me lo permites yo seré tu Sancho Panza, tu acompañante en el camino. Te estaré recordando cómo usar tus energías sabiamente, animándote a no tener miedo de limpiar y descubrir cosas que ya no necesitas y que ignorabas que podías soltar. Así caminarás con la liviandad de un soberano al descubrir tu poder personal.

Hoy estás viviendo solo el uno por ciento de tu mundo de posibilidades, hoy comienzas este nuevo sendero de transformación, te sorprenderás con lo lejos que puedes llegar como ser humano, porque eres el punto más alto de la evolución —material y emocionalmente— y en cualquier dimensión de tu vida estás dotado del sentido común y la fuerza de tu presente.

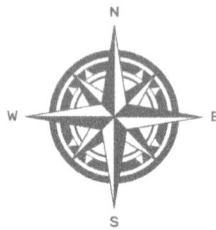

Inhala y exhala, es tu aventura...

21
DÍAS

SEMANA UNO

Yo siento
y RESISTO

«Llamamos al caos al orden que todavia
no entendemos».
Edward Lorenz, matemático y meteorólogo

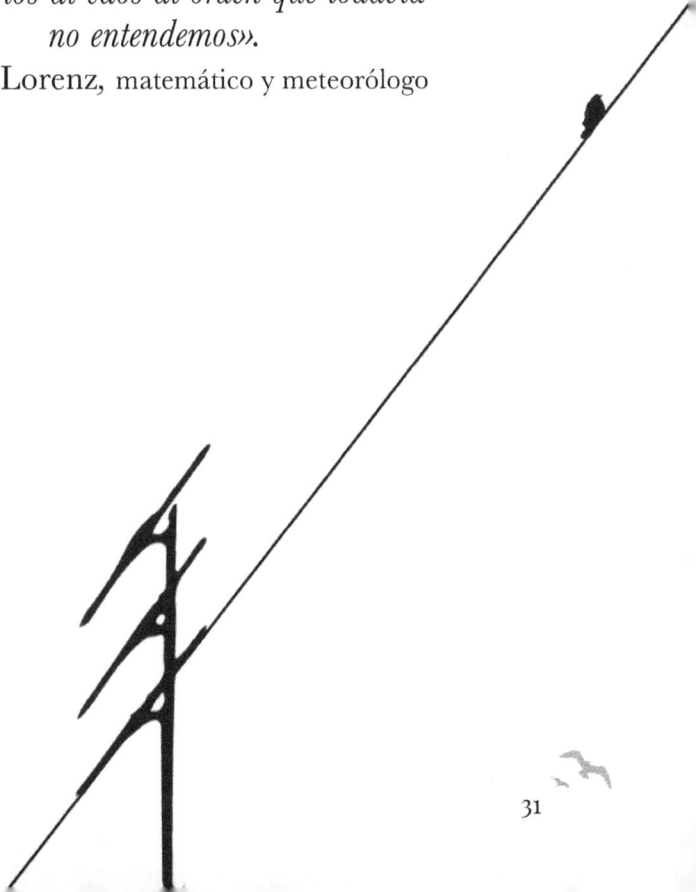

LOS VENTIÚN DÍAS

SEMANA UNO, YO SIENTO Y RESISTO

«Me dices que lo desconocido no se puede enseñar,
yo digo que tampoco se enseña lo conocido y que
cada hombre hace el mundo al vivir».
Humberto Maturana, *El sentido de lo humano*

La semana **UNO**, es la del *yo siento*, la de la respiración consciente, la del *yo resisto* y el si *yo hubiera*, durante estos siete días vas a reconocer tus resistencias, es el primer paso del cambio, es mirar para que puedas hacer los cambios que quieres.

Con los siete días de ejercicios de esta primera semana vas a identificar, a través de la respiración consciente y la observación de tus emociones, cuál es la naturaleza de los comportamientos que ya no te sirven y que te opones a soltar. Por ejemplo, ¿cómo has manejado tus relaciones personales?, ¿qué hábitos te duelen, pero que aún repites?, ¿cuáles son tus apegos y dependencias emocionales?, ¿qué buscas en otro? Y, por supuesto, también lo que piensas de la felicidad o del éxito, lo que crees de cambiarte de carrera, lo que tanto llama tu atención, como explorar nuevos hobbies o un voluntariado.

Lo mejor de estos primeros siete días es que aprendes a respirar conscientemente o a descubrir si ya lo haces o si le estás dejando esta responsabilidad solo a tu sistema fisiológico.

Actuamos y tomamos decisiones desde las emociones y esto nos hace humanos, no hay error en esto, nos pertenecen y existen para acceder a ellas cuando los eventos de nuestra vida lo requieran, es en la validez de todas nuestras emociones donde reposan las potencialidades de cambio.

DÍA 1
RESPIRACIÓN Y EMOCIONES

¡**B**ienvenido a tu primer día! Este día es la base en que se fundamenta esta propuesta de *detox* y sanidad emocional. La respiración acompasada del reconocimiento de emociones nos va a llevar durante estas tres semanas a través de los ejercicios de respiración en atención plena.

La respiración es el más natural y vital de los procesos de los seres vivos, es nuestra primera fuente de energía y su objetivo es mantener al organismo en funcionamiento al alimentar el sistema a través del intercambio de oxigeno y la eliminación de toxinas.

Y la atención consciente es el acto de sentir, pensar, comer, conversar con los otros, cómo nos movemos tanto física como emocionalmente; y todo lo que como entidades vivas nos caracteriza; hacerlo desde la presencia, desde el estar allí en eso, desde el propio respirar, realizarlo conscientemente, casi que como decir una cosa a la vez.

Estos son dos principios fundamentales de este día: la respiración y la atención consciente de tu cuerpo.

¿Por qué se conecta la respiración con nuestras emociones?

Respirar conscientemente, además de la función básica de alimentar el cuerpo con oxigeno y eliminar elementos nocivos a la vida del organismo, sostiene la vitalidad, el equilibro y la estabilidad de nuestro cuerpo emocional.

Las emociones son el oxigeno y el dióxido de carbono emocional, de manera que, igualmente, si las conocemos, las validamos y elegimos cómo usarlas nos permiten el cambio de nuestro comportamiento; como también la química de nuestro cerebro que cíclicamente retroalimenta tanto nuestras sensaciones corporales como nuestros pensamientos y emociones.

En esta semana reconoces la diferencia entre la respiración normal y la respiración consciente.

¿Cómo lo logras? ¡Esa es tu pregunta!

Reconocer las emociones es el primer paso, a partir de hoy abraza el concepto de que las emociones, esas que comúnmente llamadas positivas y negativas, nos pertenecen, son todas nuestras; y la única identificación que le vamos a dar en este aprendizaje es nombrarlas a todas como saludables y necesarias para nuestra experiencia vital.

Cada emoción es una oportunidad, es un regalo, es una lección, es un momento para ser experimentado de acuerdo a nuestras circunstancias.

Ellas existen para nosotros, las usamos para apoyarnos, son nuestras herramientas para transitar todos los eventos alegres o dolorosos por los que pasamos los seres humanos durante nuestro existir.

Por ejemplo, la emoción de la tristeza es necesaria cuando pasamos por una pérdida de algo, sea material o en nuestros sentimientos. Es una herramienta valiosa contar con la tristeza para experimentar cuánto nos importa esa pérdida.

La tristeza es primaria en la curación de la herida, porque es a través de esta emoción, llamada equivocadamente negativa, que podemos sanar el dolor de la pérdida de una relación, de un negocio, hasta la muerte de un familiar amado.

Si en cambio le negamos la bienvenida a la tristeza y la suprimimos, se puede convertir en depresión, infelicidad, desesperación, lástima, culpa y hasta enfermedades físicas.

¡Entonces bienvenidas todas nuestras emociones, todas!

Ejercicio #1

¡Felicitaciones! Comenzamos con tus emociones y la mejor manera de conocerlas y explorarlas es por medio del proceso de respiración, inhalando y exhalando. De esto se trata tu primer ejercicio, de respirar conscientemente, para que aprendas a sentir las emociones que transitan por tu cuerpo.

- Escoge un lugar físico donde te puedas sentar y estar tranquilo por cinco minutos y sin interrupciones. Puede ser en tu casa, en tu oficina, en tu auto.
- Coloca las palmas de tus manos en tus muslos mientras respiras normalmente, inhalando y exhalando un par de veces y sin afanes.
- Toma una respiración profunda por la nariz y al mismo tiempo levantas tus hombros, como si trataras sin esfuerzo de tocar tus orejas, al exhalar sueltas los hombros junto con la respiración y permites que salga por tu boca de manera firme y con fuerza.
- Repítelo por dos veces más de la misma forma, al tomar el aire por tercera vez, sin levantar los hombros simplemente sostienes el aire por un instante y al soltarlo lo haces lentamente y por la nariz.
- Continúas tomando el aire de manera consciente como si halaras el aire hacia tu nariz y luego al soltarlo como si lo empujaras por tu garganta.
- Ahora empiezas a respirar a tu ritmo a la vez que cierras tus ojos, inhalando profundamente y exhalando lentamente por la nariz, a tu propio ritmo.
- Observa cómo al soltar el aire te sientes tranquilo y cómodo.
- Sigue respirando tranquilamente a la vez que sientes que parte de tu cuerpo se mueve con tu inhalar y con tu exhalar: ¿tu pecho?, ¿tus brazos?, ¿qué otra parte

se mueve?, ¿tu espalda? Observa y sigue respirando naturalmente.

- Nota si pasa algún pensamiento mientras sientes tu cuerpo moverse al ritmo de tu respirar, sin detenerte en ellos, solamente sintiéndolos al acompasar de tu respiración.
- Inhalando y exhalando, suelta las emociones que hayan surgido.
- Respirando normalmente, observando otra vez como sale y entra el aire por tu nariz, sigues tranquilo y te sientes seguro en ese espacio de quietud y atención plena que has creado para ti.
- Abriendo los ojos, decides mantener esa tranquilidad contigo el resto del día y te das las gracias por completar tu primer ejercicio.
- Pasa a la siguiente página.

Entrenamiento Día 1

En este estado de quietud utiliza las líneas siguientes para escribir los pensamientos y las emociones que aparecieron durante tu ejercicio anterior.

Ejemplos:

Esta mañana olvidé llamar a..., debo revisar mi correo, ahora sí voy a dedicar un tiempo a mi persona, creo que necesito un té o un café… me resisto a aceptar mi peso actual, me resisto al trabajo que tengo actualmente.

Alegría, culpa, tristeza, rabia, satisfacción, etc.

_____

_____

_____

_____

_____

_____

_____

_____

_____

_____

_____

_____

_____

_____

_____

_____

_____

_____

_____

_____

_____

_____

_____

_____

_____

_____

_____

_____

_____

_____

_____

_____

_____

_____

_____

_____

_____

_____

_____

_____

_____

_____

_____

Inhalando y exhalando, respiro mis emociones...

.

DÍA 2
EL TRÁNSITO DE LAS EMOCIONES
Y LOS ESTADOS DE ÁNIMO

En el transcurso de nuestra vida, y desde niños, aprendimos a no validar las emociones, sino a esconderlas o disimularlas de acuerdo a si son positivas o negativas. Con buenas intenciones nos enseñaron equivocadamente a conducir nuestros estados de ánimo: a enojarnos cuando corregimos, a confundirnos ante una pérdida, a ignorar el poder de un duelo.

Este es el día para observar y transitar nuestras emociones; siente cómo y cuándo se mueven en ti en los diferentes momentos y eventos que dirigen tu vida; hoy aprenderás a procesarlas sanamente, o sea, a darles validez en los tiempos y ritmos que esos eventos requieran; porque si le damos el valor que todas ellas tienen, prevenimos que el cuerpo las somatice y se enferme.

Lo que monjes y antiguos maestros de sabiduría practicaban como medicina para el alma, hoy nos rescata, nos alinea y balancea nuestro colectivo y cotidiano modo de vivir. La Clínica Mayo —reconocida organización científica de tratamiento e investigación de enfermedades de los Estados Unidos— valida y cuantifica científicamente este ancestral concepto en un informe acerca del estrés y su impacto negativo en la salud humana.

El estrés, los pensamientos y las emociones que no se controlan pueden afectar el cuerpo y contribuyen silenciosamente a problemas de salud tan importantes como la presión arterial alta, las enfermedades cardiacas, la obesidad, la diabetes y el sueño.

La buena nueva es que con elementos que tenemos a nuestro alcance como la respiración consciente, la meditación o una simple caminata puedes aprender a soltar las tensiones y los afanes que provocan el estrés y las enfermedades.

Ejercicio #2

Recuerda siempre que leer pausadamente y con atención plena es parte fundamental para tus ejercicios. Regálate tiempo, tú lo mereces.

- Siéntate, como el primer día, en un lugar donde puedas estar por cinco minutos y sin interrupciones.
- Coloca las palmas de tus manos en tus muslos.
- Toma una respiración profunda por la nariz al mismo tiempo que levantas tus hombros. Sostén la respiración por un par de segundos y al exhalar suelta la respiración por la boca y dejas ir la tensión de los hombros.
- Nuevamente inhala y exhala, por dos veces más a tu propio ritmo, a la vez que cierras tus ojos y nota cómo al soltar el aire te sientes más liviano.
- Siente si alguna emoción transita por tu cuerpo en este momento.
- ¿Percibes tensión o pesadez en alguna parte de tu cuerpo? Observa en tu estómago, en tu espalda, en tu cuello. Nota si los brazos te pesan. ¿Qué emoción te conecta con el peso de tus brazos?
- Explora esas emociones. ¿Alegría?, ¿tristeza?, ¿expectativa?, ¿control?
- Respírala. Sí, respira esa emoción sin juzgarla ni evitarla. Inhala y exhala sin afán.
- Ahora, después de inhalar, sostienes la respiración por un par de segundos y al exhalar, si quieres, te imaginas que esa emoción sale cuando sueltas el aire por tu nariz.
- Inhala nuevamente y siente si todavía esa emoción tiene la misma fuerza.
- Sostén la respiración por algunos segundos y al exhalar permite que esa emoción salga junto con tu respiración.

- Al inhalar y exhalar te vas sintiendo más tranquilo y cómodo.

- Ahora abre tus ojos y conserva esa tranquilidad por el resto de tu día.

Entrenamiento Día 2

¿Qué ha provocado en ti este ejercicio?

Utiliza las líneas siguientes y escribe sobre qué otras emociones te transitan durante el día: en tu trabajo, en tu hogar, en tu entorno y en tus circunstancias con otras personas.

Ejemplos:

- En un día normal, ¿qué me sucede al observar el tráfico vehicular cuando voy hacia el trabajo?
- Si es sábado por la mañana y estoy en casa, ¿qué emoción me provoca al estar sola o solo?
- ¿En qué momento del día experimento ternura, envidia, alegría, frustración?

_____

_____

_____

_____

_____

_____

_____

_____

_____

_____

Inhalo, exhalo y transito mis estados de ánimo...

DÍA 3
SENSACIONES CORPORALES

L as emociones producen en nosotros sensaciones corporales como tensión, temblores, dolor estomacal, taquicardias... entre algunos otros de mayor importancia. La salud y la creatividad son silenciados al ignorar la resonancia que reposa entre el cuerpo físico y las emociones, así vamos viviendo diariamente sin casi notarlo dentro de la neurosis colectiva.

La Psico-neuro-inmune-lingüística nos cuenta que el cuerpo expresa, por medio de síntomas, lo que está sucediendo emocionalmente: **el cuerpo grita lo que tu boca calla y lo que tu mente esconde**; condiciones en apariencia de menor importancia como un dolor de cabeza, de garganta, o de espalda, dolor de estómago o dificultad para dormir; en muchas ocasiones son el resultado de emociones resistidas, miedos que no se han validado y preocupaciones que se han dejado pasar por alto.

El aprendizaje de hoy te permitirá explorar una parte de ti que merece toda tu atención: lo que sucede con tus sensaciones corporales, cómo reacciona tu cuerpo ante las emociones que ya cumplieron su tiempo y su función en determinadas circunstancias y que ya no son necesarias, sino que mantenerlas entorpece el fluir armonioso de tu andar vital.

Lo que sucede a nuestro cuerpo físico es una respuesta exacta de lo que está ocurriendo en nuestro cuerpo emocional; prácticas como el yoga, la meditación y los momentos de pausa se han vuelto recomendaciones comunes en el campo de la medicina, que ya cuantifica y aprueba el efecto positivo de cómo influyen en la salud corporal.

Ejercicio #3

Hoy vas a ejercitarte en aprender sobre la conexión entre tus emociones con tus sensaciones corporales, para que además de reconocerlas puedas alinearlas a tu propósito personal.

- Vuelve a ese lugar de respiración y tranquilidad que has escogido en estos primeros días.
- Coloca las palmas de tus manos en tus muslos.
- Toma una respiración profunda por la nariz y al mismo tiempo que levantas tus hombros sostienes el aire por un par de segundos. Al exhalar suelta los hombros, al tiempo que liberas el aire por la boca sintiéndote relajado y tranquilo.
- Repite esta respiración consciente dos veces más a tu propio ritmo.
- Ahora sigue respirando normalmente y a tu ritmo, inhala y exhala por la nariz. Observa con cada respiración qué parte de tu cuerpo se mueve, si son tus hombros, tu estómago, o tus brazos; en fin, obsérvate.
- Desde la observación, descubre en qué parte de tu cuerpo sientes tensión y qué lugar de tu cuerpo se siente pesado o congestionado.
- Sigue respirando y observando cómo se mueve tu cuerpo mientras tomas y sueltas el aire.
- Coloca tus manos en el lugar donde sientes tensión, pesadez o inconformidad y sigue respirando consciente y profundamente.
- Relaja tus manos en ese lugar, y piensa que esa área de tu cuerpo respira a tu ritmo, sin temor, permitiendo que se intensifique la sensación o la molestia para que valides ese dolor.

- Inhala y exhala. Háblale a esa parte de tu cuerpo así: «suelto todos mis miedos, preocupaciones y ansiedades acumuladas aquí».
- Al inhalar y exhalar permite que el equilibrio se restaure en esa parte de tu cuerpo.
- Observa cómo se alivia la tensión y la sensación de pesadez se aliviana cada vez que sueltas el aire.
- Permite que la respiración te acompañe y recuerda que estás limpiando tu cuerpo emocional.
- Inhala, exhala y permanece en estado de tranquilidad durante el resto del día.

Entrenamiento Día 3

Durante el día observa cómo reacciona tu cuerpo de acuerdo a las emociones que sientes; escribe en las líneas de abajo lo que te sucede frente algunas emociones.

Ejemplos:

- Cuando estoy molesta, cruzo las piernas.
- Cuando alguien me reclama algo, cruzo los brazos.
- Cuando veo a un niño, sonrío.

_____

_____

_____

_____

_____

_____

_____

_____

_____

_____

_____

_____

_____

_____

Inhalando y exhalando valido mi cuerpo...

DÍA 4
ESTADOS EMOCIONALES

El día anterior exploraste y aprendiste de tus reacciones corporales, hoy el turno es para tus estados emocionales, que son parte fundamental para lograr tu objetivo de este *detox* de veintiún días.

Hoy vas a experimentar el cómo te sientes en este momento y ante cualquier circunstancia. Reconocerás las emociones que se agitan en ti con independencia de las situaciones por las que estés pasando.

Por ejemplo, la duda es una emoción que nos asusta y nos conecta con el miedo a cometer errores. La niñez y la adolescencia son la tierra fértil donde se puede arar y cultivar lo que se quiera y en esas etapas nos educaron en el patrón de hacer lo correcto y de escoger la respuesta ganadora.

Sobrevivir ese tiempo donde se nos evaluaba por acertar, desarrolló este aprendizaje; me atrevo a plantear que allí nace la emoción de la duda como miedo a equivocarnos.

La propuesta de este día es, además de validar esta emoción como natural y necesaria, reaprender su verdadero valor: tener derecho a equivocarte, la posibilidad de que haya más de un camino de solución y el derecho a cambiar de opinión. ¿Cuántas veces un científico prueba y ensaya sobre una investigación para lograr lo que busca? ¿Cuántas veces nuestros campesinos, con base en el error y el acierto, cultivaron la tierra buscando los mejores tiempos, suelos y épocas del año hasta lograr producir los frutos que hoy nos alimentan?

Validar la duda nos libera de la búsqueda del perfeccionismo y nos amasa el concepto de la creación como caos, intento y posibilidad. ¡Bienvenida la duda!

Ejercicio #4

Asigna un número del uno al diez a cada emoción, siendo el uno la emoción que menos sientes y diez la que más. Hoy vas a identificarlas de acuerdo a tus vivencias de este último mes.

___ Alegría

___ Ausencia

___ Motivación

___ Culpa

___ Amor

___ Tristeza

___ Generosidad

___ Ausencia

___ Esperanza

___ Frustración

___ Respeto

___ Impaciencia

___ Optimismo

___ Vergüenza

___ Fortaleza

___ Satisfacción

___ Agobio

___ Solidaridad

___ Rencor

___ Agradecimiento

___ Tolerancia

___ Logro

___ Duelo

___ Ilusión

___ Otras emociones que no encuentres en esta lista.

Entrenamiento Día 4

Después de haberle dado validez a todos tus estados de ánimo, observa desde qué emoción estás viviendo tu día —o tal vez tu vida— y reflexiona sobre las posibilidades que te niegas, al no reconocerlas.
Utiliza las líneas y expresa todo lo que descubras.

Inhalando y exhalando... me permito sentir...

DÍA 5
SI YO HUBIERA

Vivimos en una cultura que nos adiestra en dos extremos —el bien y el mal— creándonos duda y desconfianza sobre cómo lo estamos haciendo, y generando con esto competencia, lucha y la necesidad de tener la razón o el control.

Somos capaces de percibir a los demás desde estos dos extremos que son aparentemente invisibles, pero que nos mantienen en el juicio, la crítica negativa y las expectativas innecesarias; todo esto nos quita el acceso a nuestro potencial de posibilidades.

Nos frustramos con ese discurso lento y recurrente del «si yo hubiera...»; que no tiene ninguna utilidad más que la de maltratarnos, inmovilizarnos e impedirnos dar nuevos pasos ante esa decisión, pensamiento, o acción.

El día de hoy te invita a ver el mundo desde la perspectiva que mueve las riendas de tu vida, que te saca del estancamiento, aceptando lo ya consumado sin remordimientos, sin juzgarte ni maltratarte, sin invalidarte ni exigirte, sino aceptando que lo que has hecho es aprendizaje y motivo de crecimiento.

Ayer elegiste las emociones que más te transitan, hoy obsérvalas y considera en cuáles conectas con el *si yo hubiera* sin juzgarlas, solo siéntelas y pasa a la siguiente pagina.

Ejercicio #5

- Siéntate en ese lugar de quietud y tranquilidad que escogiste para tus ejercicios de respiración.
- Coloca las palmas de tus manos en tus muslos.
- Toma una respiración profunda por la nariz y al mismo tiempo que levantas tus hombros, sostén el aire por un par de segundos y al exhalar suelta los hombros a la vez que sueltas el aire por la boca.
- Inhala profundamente y exhala con lentitud. Repite dos veces más esta respiración incluyendo el movimiento de tus hombros (levantar y soltar).
- Ahora respira con naturalidad, inhala y exhala por la nariz lenta y profundamente. Observa qué parte de tu cuerpo se mueve con cada respiración.
- Respira un par de veces más, a tu ritmo, observando siempre qué parte de tu cuerpo se mueve con tu respirar.
- Ahora recuerda momentos de tu vida en donde tomaste decisiones sobre relaciones interpersonales, cambio de planes y aquellos momentos en donde te has tentado a decir «si yo hubiera…». Recuerda las emociones que sentiste: ¿culpa?, ¿resentimiento?, ¿dolor?, ¿pesar?
- Inhala y exhala, permite que vengan a tu mente esas memorias.
- Ahora simplemente acéptalas y repite para ti: «Así lo hice de acuerdo a las circunstancias de ese momento, y así fue».
- Repite el paso anterior con cada uno de los pensamientos del «si yo hubiera…» que vayan apareciendo. Respira la aceptación con cada uno de ellos.
- Inhala profundamente y exhala con lentitud. Experimenta la tranquilidad que la respiración consciente te da.
- Permanece el resto del día con la satisfacción de integrar la respiración consciente a tu diario vivir.

Entrenamiento Día 5

Desde la quietud que te produce el ejercicio de respiración consciente, piensa en qué juicios tienes acerca de ti mismo y cuáles estás dispuesto a soltar.

Ejemplos:

Estoy dispuesta a soltar:
- Si yo hubiera tenido más tiempo para mi hijo…
- Si yo hubiera sabido cómo ser mejor esposo, mejor madre, mejor hija o mejor hijo…
- Si yo hubiera escogido otra carrera...

No dudes en usar las líneas, recuerda que este es tu libro, estás abriéndote a nuevos aprendizajes.

_____

_____

_____

_____

_____

_____

_____

_____

_____

_____

_____

_____

_____

_____

_____

_____

_____

_____

_____

_____

_____

_____

_____

_____

_____

_____

_____

_____

_____

_____

_____

_____

_____

_____

_____

Si yo hubiera... ¿y si no?

DÍA 6
CONCEDER PERMISO

Algunas veces tenemos dificultad para digerir la vida, porque implica retos y vivencias que nos confrontan a decidir por la supervivencia física y emocional.

La incertidumbre es una de esas emociones que no nos gustan y por la que todos pasamos, más aún, en este tiempo de cambios sociales, económicos, culturales y de salud pública global.

Antes conocíamos los comportamientos de nuestro entorno, sabíamos qué rutas tomar, que, por experiencia histórica, podíamos predecir los resultados esperados. No sucede así en la actualidad, no sabemos qué es lo próximo que va a suceder con cualquiera de estos eventos que nos afectan a todos como sociedad y como individuos.

El no saber qué va a pasar enferma la ilusión,
se pierde la seguridad en el futuro y nos abraza un
sentimiento de ansiedad y sinsentido de la vida.

Concedernos permiso para sentir estas emociones desagradables puede transformar lo incierto en la oportunidad para ampliar horizontes nuevos, reinventarnos y encontrar otras posibilidades.

Este día te invita a que te otorgues el permiso, acto que te puede resultar un tanto difícil, pero que al hacerlo eleva tu disposición a crear algo nuevo, a cambiar tus emociones, alimentar tu sentido de pertenencia y, como por arte de magia, a transformar el bienestar de tus emociones.

Abre esa puerta, permite la experiencia que conecta a tu ser físico con la quietud del alma y experimenta esa voz que suavemente te dice que todo va bien y en orden.

¿Concedido?, vamos a ejercitarlo, pasa a la siguiente pagina.

Ejercicio #6

Hoy vas a comprender lo que te sucede cuando validas tu derecho a permitirte y cómo pasas de la angustia a la paz interior, ambas emociones son necesarias y válidas en la medida en que las reconoces y las usas para alcanzar tu bienestar.

- Regresa a tu lugar de respiración y atención consciente. Te recuerdo que este lugar no tiene que ser el mismo todos los días. Donde estés al momento de hacer el ejercicio: tu casa, tu auto o tu lugar de trabajo, lo importante es que sea un tiempo y un espacio donde puedas estar solo y tranquilo.
- Siéntate y coloca las palmas de tus manos sobre tus muslos.
- Inhala profundamente por la nariz y exhala con lentitud por la boca. Recuerda levantar y soltar los hombros.
- Sigue respirando normalmente a tu ritmo, imagina un cielo claro y azul, y toma una respiración lenta y profunda de ese color azul.
- Permite que esa respiración oxigene tus fosas nasales, tu garganta, tu pecho y tu estómago.
- Imagina todos los eventos y circunstancias pasadas que te han provocado ansiedad y angustia; obsérvalos y escucha en tu interior todo el ruido que provocan.
- Sin temor, sigue respirando y permitiéndote la emoción de la angustia o la ansiedad que te produce.
- Sigue respirando e imagina que el color azul del cielo se hace cargo de las emociones desagradables y al soltarlo salen con él, con toda su toxicidad. Imagina que el aire que sale por tu nariz es ahora de color gris. Observa cómo el color gris se hace cada vez más claro en la medida en que sigues respirando.

- Ahora, imagina todas las emociones y eventos que te producen ansiedad, preocupación, miedo, frustración, dolor y todas esas que te limitan y que de alguna forma sientes que te estancan. Obsérvalas a todas juntas.

- Todo va bien, inhala y exhala. Háblale a tus emociones así: **«Mi presente es mi fuerza, permito el flujo de la vida en mí, y hoy decido dejarlas ir»**. Inhalas y exhalas, sigue respirando.

- Con una respiración profunda observa que aún quedan algunos pensamientos de preocupación, háblales así: **«Mi presente es mi fuerza y hoy dejo ir los pensamientos de ansiedad por el futuro y los hubieras... del pasado. Abrazo mi presente»**.

- Repite tranquilamente tres respiraciones más, inhala con profundidad y exhala lentamente por la nariz y a tu propio ritmo.

- Conserva esta tranquilidad por el resto de tu día.

Entrenamiento Día 6

¡Eres grandioso!, te has permitido esta experiencia del ejercicio anterior, has explorado tus emociones, especialmente las que te producían dolor, las has validado de manera consciente, y aprendiste que fueron necesarias por un tiempo, y que ya era el momento de soltarlas.

Ahora usa las líneas de abajo y escribe los pensamientos y acciones que activarán en ti la plenitud y el sosiego.

_____

_____

_____

_____

_____

_____

_____

_____

_____

_____

_____

_____

_____

_____

_____

_____

_____

Inhalo, exhalo, lo permito...

DÍA 7
PAUSA

Tu primer regalo:

El poder del silencio

Qué privilegio el de la pausa, nos permite parar. No solamente nuestras actividades, sino nuestros pensamientos, dando lugar a que las emociones se aquieten y las acciones tomen direcciones nuevas.

El comportamiento humano está cargado de prisa y apuros; queremos que las cosas sucedan sin cumplir sus procesos de crecimiento y maduración natural, el bienestar requiere PAUSA.

Cualquier máquina al hacer pausa se detiene, el sistema del ser humano es más sofisticado, porque al hacer pausa se potencia y se impulsa, se equilibra y se enfoca, se recuerda quién es.

Cuando emerge la pausa, nos damos la oportunidad de empezar de nuevo y sin equipajes, esos que ya no son necesarios: el control, la competencia, los lazos no saludables y todas esas otras emociones y estados de ánimo que descubriste. Estas cargas ya cumplieron su función en tu vida y ahora no contribuyen a explorar las rutas de tus nuevas posibilidades; eso solo es viable cuando nos damos un respiro.

Hoy la invitación es a inhalar y exhalar, nada más que eso, sin ese afán que nos empuja, sino con la pausa que nos sostiene.

Inhalar y exhalar...

Ejercicio #7

Al completar tu primera semana estás listo para comenzar la siguiente con la casa desocupada de todo aquello que ya no te es útil, en el transcurso del día simplemente respira conscientemente.

Disfruta el estado de sosiego que aprendiste, sin importar qué circunstancias y eventos te sucedan; recuerda tu estado de paz interior.

Utiliza este espacio para hacer tu ejercicio de respiración durante todo el día….

Entrenamiento Día 7

Siente el poder del silencio, tu casa interior ya está limpia y organizada porque conoces el privilegio de la pausa.

Hoy no haces nada. No te resistas, no juzgues, solo inhala profundamente y exhalando deja ir.

Si estás en tu trabajo, utiliza este día para escuchar lo que dicen las personas que te rodean, no hagas resistencia, aprovecha para explorar el sosiego de tu paz interior.

Y si estás solo en casa, te acompañarán tus pensamientos, tampoco los resistas, inhala y exhala, solo eso.

Inhalo, exhalo y escucho mi silencio...

SEMANA DOS

Yo pienso
y CAMBIO

«Y no será en el futuro, sino ahora y ahí en las esquinas dulces de la mente, donde habitan todas nuestras posibilidades».
Ninfa Ramírez de Reales

LOS VENTIÚN DÍAS

Semana dos, yo pienso y cambio

«Las fronteras son ilusiones, demarcaciones,
no son producto de la realidad, sino de la forma
en que la cartografiamos y la acotamos».
Ken Wilber, *La conciencia sin fronteras*

Esta es tu **semana DOS**, la del **Cambio**, en estos siete días vas a observarte desde el *yo pienso*, porque después de las emociones, es desde el pensamiento de una experiencia interior que se toman las acciones.

En esta semana más que el *pienso* y *hago* será un *pienso* y lo *medito*, porque aun con la mejor de las intenciones las cosas pueden salir equivocadas, este es el secreto de la pausa.

Ya aprendiste que todas tus emociones son válidas y te permitiste aceptar que todas ellas —tanto las agradables como las no tan placenteras— son necesarias para danzar en todos los eventos de la vida.

En estos siete días descubrirás al guerrero valiente que eres, capaz de responsabilizarte por los cambios que solo tú puedes ejecutar, porque el cambio auténtico solo tú lo puedes lograr. Desde tu propio querer es como tu mundo cambia, permite que este descubrimiento resuene en ti durante todos estos días hasta sumergirte en la responsabilidad de hacerte cargo de ti.

Además, vas a aprender sobre la validez de tu prójimo, descubrirás que en la interacción emocional con los otros es donde se produce la experiencia humana. Aprenderás a reconocer al otro y a la vez a ti mismo, validando tu autenticidad y tu libertad individual.

Celebrarás el asomo de tu sabiduría, te darás cuenta de los cambios que necesitas hacer en tu vida para caminar y abrir senderos nuevos que te dirijan a lo realmente quieres ser.

DÍA 1
DESCUBRIENDO UN TESORO

La raza humana es una especie que, como cualquier otra, tiene características que la distinguen, la determinan y la hacen única; la manera de vivir y de hacer las cosas es la fuerza evolutiva que mueve a todas las especies a adaptarse y a sostenerse en el tiempo. Lo mismo aplica para nosotros como individuos. Con el cuerpo emocional que nos habita, también experimentamos esa fuerza evolutiva de posibilidades y de mejoramiento.

Todos —tu familia, tus amigos, tus colegas y los otros— de alguna manera modularon tu manera de vivir. Durante tu niñez sentías cómo algunas personas te incomodaban, angustiaban y estresaban; y que otras, en cambio, te inspiraban y te motivaban a la creatividad y a la expresión de tus dones. Ahora que eres un adulto, tu facultad es empoderarte y hacerte cargo de ti. El niño que necesitaba ser guiado y cuidado, creció y está listo para salir en cualquier búsqueda y elegir el entorno, las relaciones y todos los elementos que necesita para manifestar lo que quiere.

Hoy vas a descubrir un tesoro de conocimiento que quizás estaba escondido para ti.

Tu descubrimiento es darte cuenta de la diferencia que existe entre la capacidad de adaptación que como especie permite la supervivencia, y la necesidad de ser aceptado, lo que limita tu potencial único de realizarte como individuo.
¡Aja! te invito a tomarte una respiración profunda y a leer este párrafo nuevamente.

Ejercicio #8

- Siéntate en tu lugar de tranquilidad y atención plena.
- Esta vez coloca las manos sobre tus muslos con **las palmas hacia arriba**.
- Ya sabes el ritmo de tu respiración, inhala profundamente por la nariz y exhala despacio por la boca. Hazlo dos veces más a tu propio ritmo.
- Inhala y exhala, siente la tranquilidad en este lugar que te conecta con tu respiración consciente.
- Ahora respira con naturalidad inhalando y exhalando por la nariz, y con tus ojos cerrados permite que la imaginación te lleve a un lugar donde te sientes tranquilo, seguro y confiado.
- Siente lo agradable del clima del lugar y observa cómo cada vez que respiras te sientes más tranquilo y reposado.
- Ahora imagina que te encuentras con personas que aprecias y valoras, que son importantes para ti. Recuerda lo que ellos te enseñaron y decían acerca de ti.
- Desde la gratitud decides soltar los recuerdos que te incomodaban y angustiaban y abrazas los que motivaban tu creatividad.
- Inhala, exhala y permanece en estado de gratitud.
- En ese estado te dices: «Perdono a los otros y me perdono por la necesidad que he tenido y que
- aún reposa en mí de ser aceptado buscando la aprobación de los demás».
- Inhalo, exhalo y digo en voz alta: soy único y me adapto al entorno sabiendo quien soy. Me acepto y soy aceptado exactamente como soy.
- Inhala, exhala y siente en qué parte de tu cuerpo reside tu necesidad de aprobación.
- Coloca tu atención en esa parte de tu cuerpo y dile: «Con

amor dejo ir todo el dolor y el estrés que se alojó en esta parte de mi cuerpo. Perdono y dejo las percepciones e ideas que los otros sembraron en mí».

- Inhalo, exhalo y observo que parte de mi cuerpo se inquieta con los recuerdos de las personas de mi infancia y juventud. Enfoco mi atención en perdonar las memorias de ansiedad y dolor que ellos dejaron en mí.

- Continúo respirando con naturalidad y permanezco en estado de gratitud por el resto del día. En las dos últimas respiraciones, consciente suelto esos recuerdos y perdono y agradezco la presencia de estas personas que participaron de mi crianza y educación en el pasado.

- Inhalo y exhalo. Abrazo el concepto que tengo de mí al descubrir el tesoro que soy.

- Con una respiración profunda abro mis ojos y permanezco en estado de gratitud por el resto del día.

Entrenamiento Día 8

Ahora escribe todas las cualidades y características que tus padres, maestros, y familiares adultos decían acerca de ti.

Ejemplos:

- Tan curiosita esa niña
- Este niño es un gran bailador
- Es tan terca como la abuela
- Es inteligente como su hermano mayor
- Igualita a…

Escribe esos recuerdos, respira, cierra tus ojos y recuerda otra vez; y observa las emociones que se mueven en ti ante estas memorias.

_____

_____

_____

_____

_____

_____

_____

_____

_____

_____

_____

Inhalo, exhalo y me reconozco...

DÍA 2
NADA NI NADIE CAMBIA. SOLO YO CAMBIO Y CUANDO YO CAMBIO...

Este día te lleva de la mano al entendimiento de la fase del cambio que requiere tu atención: que te importes y abraces al niño que se fue escondiendo, pero que late en ti hasta el día de hoy. El único reconocimiento que necesita es el tuyo. Hoy tiene la oportunidad de despertar y recordar su propósito esencial.

Permite que el mundo cambiante de hoy te rete a dibujar y a construir lo nuevo. Eres un tesoro con una brújula interna que pide expandirse y expresar lo que pulsa en ti, porque lo que estás viviendo hoy es incierto y perdió tu interés.

Necesitas un cambio y estás consciente de que solo depende de ti. Una fuerza se está moviendo y ya nada ni nadie la detiene. Tu intuición te empieza a marcar una ruta inexplorada, ya sabes que hay una manera diferente de hacer las cosas, porque muchas empezaron a no tener sentido, ya no te motivan y hasta has perdido el interés de despertarte con la vitalidad de ir a descubrir la vida.

Aprovecha estos nuevos tiempos donde todos, instituciones, comunidades e individuos se quiebran por natural sentido de evolución, esta es tu oportunidad para hacerte cargo de ti.

Ejercicio #9

El ejercicio de hoy te entrena a dar el paso fundamental de tu cambio. Ya sabes que tu decisión es consciente y depende de ti pensar en lo que ya no es útil en tu vida y reemplazarlo por lo que te da sentido y plenitud.

- Encuentra tu espacio de tranquilidad y atención plena.
- Con tus manos sobre tus muslos y las palmas hacia arriba, disponte a vivenciar el ejercicio de hoy.
- Inhala profundamente por la nariz y exhala con lentitud por la boca. Hazlo dos veces más a tu propio ritmo.
- Al inhalar y exhalar siente la tranquilidad de tu lugar de atención plena. Hazlo dos veces más y a tu ritmo
- Ahora respira naturalmente inhalando y exhalando por la nariz y permite que la imaginación te lleve a un lugar donde te sientes tranquilo y confiado.
- Con lentitud levanta tus manos a la altura de tu corazón y colócalas una encima de la otra en el centro de tu pecho. Permite que recuerdos y pensamientos de control o manipulación se muevan allí en el centro de tu corazón, y diles: «Desde la fuerza de mi presente los dejo ir, ya no son necesarios en mi nueva vida; los reemplazo con amor por la libertad, la creatividad y la alegría»
- Inhala, exhala, siéntete tranquilo y confiado. Escúchate diciendo: **«Nada ni nadie cambia, solo yo cambio; y cuando yo cambio, mi mundo cambia».**
- Permite que esta frase resuene en tu mente y en tu corazón por el resto del día. A partir de hoy será una de tus herramientas para andar en tu nuevo sendero.
- Inhalas, exhalas y te das las gracias por este tiempo de renovación.

Entrenamiento Día 9

Con la alegría y la espontaneidad que se han reactivado en ti, utiliza las líneas siguientes y escribe esas características que te gustan de ti y también las que no tanto.

Ejemplos:

- Me gusta pasear en bicicleta
- No me gusta atender visitas
- Me gusta tomar una siesta por la tarde
- No me gusta cuando las personas susurran al hablar
- Explora y redescubre esas pequeñas cosas de ti

_____

_____

_____

_____

_____

_____

_____

_____

_____

_____

_____

_____

Inhalando y exhalando mi sabiduría se asoma...

DÍA 3
QUIÉN SOY Y QUÉ SOY

El reconocimiento y el valor que los otros nos daban y la manera bienintencionada como nos domesticaron, crearon en nosotros un modelo de comportamiento y una manera de sentir y de pensar. Aunque funcionaba para los retos y pautas de generaciones anteriores, a la vez ocultaba los talentos innatos y la individualidad. Crecimos como un grupo que progresa, pero también como individuos condicionados e insatisfechos, en permanente búsqueda de reconocimiento y aceptación.

Así aprendimos a formar el **autoconcepto**, creemos que somos quienes somos de acuerdo a unos modelos que nos permiten interactuar y ser aceptados socialmente. Esto no sería un equívoco si respetando la diversidad pudiéramos desarrollarnos, adaptarnos y aceptarnos tanto a nosotros mismos como a los demás, para que todos tengamos la misma oportunidad de emerger y participar como seres únicos que nutren de manera sincrónica «el todo» que somos como especie.

Es un derecho humano fundamental que tengas un autoconcepto auténtico y claro de ti, del famoso *quién soy.* Este es uno de los fundamentos de este programa de limpieza y transformación que te lleva a descubrir idóneamente lo que eres, basado en una mirada sana de ti.

El primer paso es soltar el miedo y recuperar el sentido del merecimiento. Es decir, el concepto que tienes de tu valor individual con la sumatoria de todos los pensamientos, sentimientos y experiencias vitales que te han formado a través de todas las etapas de tu vida hasta el día de hoy.

Lee nuevamente y en voz alta, lo que escribiste de ti en el entrenamiento del día 9. De manera consciente y pausada escúchate sin la mirada externa; tú mismo decide los cambios que quieres hacer para andar en esta nueva tierra con los zapatos firmes y cómodos del autoconcepto.

El cambio es la manifestación de la valentía del ser humano,
y tú representas esa máxima expresión al lanzarte conscientemente
a esta pista de nuevos valores, formas y sistemas. Ya cuentas con
La fuerza de tu presente para obtener lo genuino de ti.
Es el momento perfecto, se han quebrado conceptos sociales,
económicos y de comportamiento global, ahora tu nuevo
yo comienza a asomarse.

Ejercicio #10

En este día vas a conquistar tus capacidades, talentos, dones y, sobre todo, tu verdadero *yo soy*, con los anhelos que te motivan de manera natural y sin esfuerzo, como lo hacías en tu infancia; exprésate desde quien realmente eres, con la vida que elijas y a tu estilo.

- Encuentra tu lugar de tranquilidad y atención plena, y siéntate con las manos sobre tus muslos con las palmas hacia arriba.
- Inhala profundamente por la boca y exhala con lentitud por la nariz, levantando los hombros cuando tomes el aire y soltándolos al tiempo que exhalas de manera firme.
- Haz dos respiraciones más por la nariz, a tu propio ritmo y sin afanes.
- Sigue respirando normalmente y nota que todo va bien, observa cómo has integrado el sentirte cómodo y confiado en este encuentro contigo.
- Inhala y exhala, imagínate que estás en un lugar que te gusta, te sientes seguro, allí solo estás tú y el ambiente que te rodea.
- Imagina que caminas seguro, alegre y calmado. Observa como aparecen personas que tú conoces y decides que quieres caminar sin ellos.
- Todo está bien, simplemente decides disfrutar el paseo tú solo.
- Usa tu imaginación, mírate como cuando eras niño y recuérdate lo que querías ser cuando crecieras.
- Ahora te imaginas que te encuentras con un niño o una niña en ese paisaje.
- Te acercas y al mirarlo te das cuenta de que él o ella estaba esperando por ti, y se encuentra tranquilo y contento como tú.

- Inhala y exhala, y sin afanes, le dices: **«Todo está bien, la tristeza, la desilusión y la frustración se han ido». Abrázale y le confirmas: «La alegría, la risa, el brillo de la vida han regresado y son nuestros»**.
- Inhalas, exhalas y sientes una sonrisa dibujarse en tu rostro. Agradece por este lugar de seguridad y tranquilidad que has creado para ti.

Entrenamiento Día 10

En ese estado de gratitud, escribe todas esas cualidades y talentos que te pertenecen, que te hacen único, que sabes que naciste con ellos.

Ejemplos:

- Siempre me ha gustado correr en el parque
- Me divierto recreando historias
- La quietud del bosque me hace sentir en estado de plenitud
- El voluntariado de cuidar animales en la granja local me da sentido de pertenencia
- Disfruto construir, organizar, bailar o cantar

Explora y descubre las cualidades y los talentos que aparezcan en tu memoria.

_____

_____

_____

_____

_____

_____

_____

_____

_____

_____

_____

_____

Inhalando y exhalando se asoma mi luz...

DÍA 4
EL RIESGO DE TODAS
LAS POSIBILIDADES

Durante nuestra vida experimentamos emociones y eventos placenteros y otros que no son tan agradables, no obstante, contienen el aprendizaje que crea los nuevos mapas de navegación hacia un mundo de infinitas posibilidades.

Ahora cuentas con un renovado concepto de ti. Acabas de abrir la gran puerta del 99% de todas las posibilidades inexploradas; ya lo ves con claridad, es el momento para preguntarte si el 1% donde has estado —por miedo o por comodidad— es lo que quieres seguir viviendo.

El riesgo que tomas al cuestionarte sobre lo que has hecho hasta ahora es la valentía de hacerte esta pregunta transcendental:

¿Dónde y cómo me veo viviendo en los próximos tres o cinco años?

Recuerda que ahora mismo solo vives un pedacito del resto de todo lo que aún no has explorado de ti, y qué mejor momento que este, cuando los cambios de afuera te posibilitan esa oportunidad individual: vivir con la plenitud de tus potencialidades que te conduzcan a una nueva dimensión de ti.

Cambia de camino cuantas veces sea necesario; al final, solamente nos arrepentimos por los riegos no tomados.

Ejercicio #11

Hoy vas a ejercitar el poder que reposa en tus posibilidades inconscientes. Este ejercicio permite que surja el brillo de tus potencialidades, todas las que están por suceder si te arriesgas.

- En tu espacio reservado de respiración y atención plena inhala profundamente por la nariz e inhala con lentitud por la boca, como ya lo aprendiste.
- Toma dos respiraciones más a tu ritmo, y coloca las manos en tus muslos con las palmas hacia arriba.
- Sigue respirando, nota que todo está bien, ahora te encuentras en estado de relajación y quietud.
- Imagina que estás en un lugar hermoso, vivo y lleno de radiante naturaleza, donde puedes caminar seguro y confiado.
- Observa todo lo que contiene ese paisaje, si hay árboles, si son altos o bajos, si hay fuentes cercanas de agua como un río o un lago, acércate y siente cuán agradable es la temperatura del agua.
- Inhala y exhala, explora el resto del paisaje. Adéntrate donde no habías llegado antes, descubre los lugares inexplorados.
- Con cada paso que des en esos lugares nuevos, observa qué parte de tu cuerpo siente temor a lo desconocido, y nota si tu respiración cambia.
- Haz una pausa y permite que esa emoción se intensifique, no le hagas resistencia, permite que ocurra y que pase por esa parte de tu cuerpo que siente miedo.
- Abre tus brazos y dile a tu miedo en voz alta: **«La fuerza que tiene mi presente desvanece la ansiedad, mi sentimiento de impotencia y mi preocupación. Desaparece mi miedo a fallar»**.

- Inhala y exhalas; con seguridad y tranquilidad te dices a ti mismo: **«La fuerza de mi presente fortalece mis piernas y mis brazos, ahora puedo correr con renovación y confianza en mis habilidades. Mis talentos son suficientes para tomar los riesgos que quiero explorar»**.

- Ahora experimentas la fuerza y la vitalidad en todo tu cuerpo y también en tu respiración. Camina con alegría y siéntete honrado por las puertas que acabas de abrir para ti.

- Mantén la valentía que te produjo tu ejercicio del riesgo.

Entrenamiento Día 11

Con esta renovada disposición corporal y emocional, felicítate por tu exploración, y desde la alegría escribe en las líneas de abajo todas las posibilidades que empiezan a aparecer en tu mente.

_____

_____

_____

_____

_____

_____

_____

_____

_____

_____

_____

_____

_____

_____

_____

_____

_____

_____

_____

Respirando regreso a donde mi corazón late...

DÍA 5
LOS PENSAMIENTOS Y EMOCIONES DEL OTRO SON TAN VÁLIDOS COMO LOS TUYOS

Los seres humanos somos comunitarios por naturaleza y, como la mayoría de las especies, vivir en manadas es uno de los factores que nos garantiza la supervivencia. Tenemos una identidad individual que alimenta y a su vez provee para su colectivo, así es la complejidad del ser. La vinculación con el otro, el respeto y el disfrute de las diferencias nos garantiza una permanencia vital como seres emocionales que también somos.

Ya tienes tu autoconcepto fundamentado en tus valores y fortalezas, condición para que veas al otro con el mismo respeto y validez con que te miras a ti.

El significado de amar al prójimo como a ti mismo, se basa en la premisa de que solo damos de lo que tenemos.

Sin el otro no existimos, es en el entrelazamiento emocional y en la interacción con los otros que se produce la experiencia humana.

El fundamento del mensaje es considerar que las emociones y los pensamientos del otro son tan válidos como los tuyos. Permite que tus relaciones interpersonales fluyan desde esa validez. Es decir, los acuerdos, las conversaciones y las negociaciones son transacciones de aprendizaje y las personas son el motor con que se viven todas nuestras complejidades.

Ejercicio #12

- Sentado en tu lugar de quietud y sobre la cima de tu autoconcepto, inhala profundamente por la nariz y suelta el aire por la boca a la vez que decides soltar los afanes y las inquietudes.
- Repite esta respiración dos veces más a tu propio ritmo.
- Inhala y exhala normalmente por la nariz, siente la presencia absoluta de tu cuerpo reposado y tranquilo.
- Imagina que estás en un lugar donde te sientes contento y confiado, y se encuentran muchas personas conocidas y otras que no habías visto antes; observa todo lo que sucede a tu alrededor.
- Inhala y exhala. Mira lo que esas personas hacen: caminan, conversan, están con familias o solos. No analices ni juzgues, solamente inhalas, exhalas y observas.
- Respira lenta y profundamente, suelta la necesidad de clasificar a los otros. Di en voz alta:

«Ellos no están equivocados o correctos, ellos solo están aquí, igual que yo».

«Mi presente me da la fuerza del entendimiento de que no hay separación».

«Me siento feliz cuando veo cómo los otros brillan y la vida sonríe para ellos. El respeto por los otros alimenta mi sabiduría».

«Inhalo y exhalo; reconozco mis logros y la realización de los sueños de los otros».

La fuerza de mi presente me susurra:

«Cada persona actúa y piensa desde su validez, su cultura, su niñez y sus circunstancias, así como yo, desde las mías».

«Inhalo, exhalo y celebro la vida de los otros; esta celebración es mia también, porque soy parte del todo y esto me hace sentir libre. Me mantengo en este estado de consciencia durante toda la semana».

Entrenamiento Día 12

Escoge algunas personas que conozcas en diferentes áreas de tu vida, y también a otros que no conozcas personalmente.

En las líneas de abajo vas a escribir lo que pensabas de cada uno ellos antes de hacer el ejercicio.

Imagina lo que ellos te explicarían: por qué actúan así y lo que ellos creen de sí mismos.

Al finalizar lee lo que escribiste y disfruta de las diferencias entre tu concepto y el de la explicación de ellos.

_____   _____
_____   _____
_____   _____
_____   _____
_____   _____
_____   _____
_____   _____
_____   _____
_____   _____
_____   _____
_____   _____
_____   _____
_____   _____
_____   _____
_____   _____
_____   _____
_____   _____
_____   _____
_____   _____
_____   _____
_____   _____
_____   _____
_____   _____
_____   _____

Inhalo, exhalo y me expando...

DÍA 6
LA COHERENCIA

El ser humano es completo cuando es coherente, cuando lo que piensa y lo que siente es congruente con lo que hace y con la forma de vivir sus días. La coherencia está caracterizada por no tener ni pasado ni futuro, el presente es una herramienta poderosa que te ayuda a practicar esa congruencia.

Los eventos sincrónicos son los que hacen que la vida adquiera sentido. Personas, momentos y circunstancias llegan a tu vida de manera perfecta y en el momento perfecto. Empiezas a disfrutar los frutos de tu coherencia y la magia de los milagros comienza a suceder.

¿Cómo activar la coherencia y desarrollar tu sincronicidad?

El ejercicio de hoy te va a predisponer, sincronizar y alinear lo que quieres con lo que te sucede. Vas a entender el poder de la presencia, el querer y pensar lo mismo, y el pensar y hacer en congruencia.

Ejercicio #13

¡Asómbrate! El ejercicio de hoy te va preparar para que sucedan los milagros y para que ocurra la sincronía mágica en tu vida. La que sucede a los protagonistas de los cuentos de hadas y en los relatos de los personajes de nuestra historia, y, ¿sabes qué?, también nos sucede a ti y a mí.

- Encuentra tu lugar de atención y respiración plena, coloca tus manos sobre tus muslos con las palmas hacia arriba.
- Inhala y exhala, tu respiración lenta y profunda te hace sentir tranquilo y reposado.
- Recuerda que cuando inhalas profundamente por la nariz y exhalas con lentitud por la boca, activas el poder de la presencia.
- Imagínate que estás descansando en un lugar hermoso donde puedes caminar sintiéndote tranquilo y confiado.
- Piensa en algo que has querido siempre, algo o alguien o algún suceso que has buscado y todavía no se ha manifestado en tu vida.
- Con el poder de tu imaginación, visualiza eso que empieza a ocurrirte en ese lugar, exactamente como lo has soñado.
- Inhala, exhala e imagina que alguien se te acerca y sorprendido te pregunta cómo lo lograste. Esa persona quiere que le enseñes.
- Respira de nuevo, y con alegría le cuentas que tu primer paso fue ser coherente con tus sueños y cómo lo que querías, lo hacías parte de tus pensamientos y de tu hablar diario.
- Siente todas las emociones que surgen al hablar sobre la realización de tu sueño.

- Inhala, exhala y di en voz alta: me siento satisfecho, contento y disfruto la sincronía en mi vida y celebro a las personas extraordinarias que me acompañan.
- En estado de gratitud abres tus ojos y mantienes la alegría por tus logros.
- Observa desde la distancia la armonía del paisaje.
- Camina y respira, integra lo que sientes con lo que piensas.
- En esa realización te felicitas porque estás listo para tu tercera semana de transformación.

Entrenamiento Día 13

Usando el poder de tu imaginación y sin exigencias ni expectativas, escribe sobre tus nuevos caminos, puentes, conexiones y ese estilo de vida que buscas manifestar.

Ejemplos:

- Celebro el trabajo de mis sueños, porque al hacerlo me da…
- Vivir en mi nueva casa, me abrió nuevos retos y ahora puedo…
- Mi servicio en el voluntariado me está dando la oportunidad de…
- Desde que miro a mi pareja desde otra perspectiva, mi estado de ánimo…

_____

_____

_____

_____

_____

_____

_____

_____

_____

_____

_____

_____

_____

_____

_____

_____

_____

_____

_____

_____

_____

_____

_____

_____

_____

_____

Lo que siento y lo que pienso empiezan a coincidir...

DÍA 7
PAUSA

El segundo regalo:

La fuerza de la quietud

Una mente en pausa se encuentra en un estado de paz interior, piensa siente y actúa desde su lugar divino, desde el alma. Allí se encuentra el niño interior, el que cree, explora, se abre a lo desconocido y a las posibilidades que le palpitan, y que solo pueden ser escuchadas y visionadas desde una mente tranquila y un cuerpo que respira conscientemente.

El sosiego de la paz interior desarrolla tu poder personal; la pausa en tu vida promueve tu sentido del merecimiento y tu autoestima aparece como el impulsor que te motiva.

Reduce las palabras y las reacciones innecesarias que solo gastan tu energía vital. Hablar y reaccionar innecesariamente, además de no optimizar tu comunicación, consume la energía de tu cerebro que pudieras invertir en el desarrollo de los fundamentos de tu nueva realidad.

Con mi cabeza vacía del ruido que produce lo innecesario, le puedo prestar atención y dejar que se asome la chispa divina que soy.

Ejercicio #14

Transita este día sin afanes, sin agendas, un día que en apariencia no tiene uso.

- Inhala, exhala y medita en la siguiente frase:

«Cuando el hombre se afana, el cielo se vuelve turbio, la tierra queda agotada, el equilibrio se desmorona y los seres vivos se extinguen»
Laozi, verso 39, *TAO TChing*

Inhala, exhala, respira...

Entrenamiento Día 14

Me permito el poder de lo inútil, la posibilidad que late en el no hacer nada.

Hoy sal a caminar. Escoge un lugar donde la naturaleza prime. Observa los árboles, las plantas, las flores, la brisa y los pájaros. Levanta tus ojos, respira lentamente y mira el horizonte. Escucha lo que ellos te dicen.

Inhala y exhala profundamente, solo eso...

SEMANA TRES

Yo soy
y ME TRANSFORMO

«La venida del reino, la llegada al paraíso, no es algo que todos puedan ver, no habrá señales ni signos (…) porque el paraíso ya está entre ustedes, pero sólo si estás listo te darás cuenta».
Evangelio de Lucas
Nueva Versión Internacional 2015

LOS VENTIÚN DÍAS

Semana tres, yo soy y me transformo

«Quien se transforma a sí mismo, transforma el mundo».
Dalái lama

¡Felicitaciones!

Has llegado al comienzo de tu **TRANSFORMACIÓN**. Esta es la semana de la gran sorpresa: tu «antes y después de». Anticípate en la alegría y la certeza de que a partir de hoy, si tú lo decides, serás eso que viniste a cambiar. Encontrarás el propósito que recrea tu nuevo sentido de vivir.

Ya conoces las emociones que te mueven, te las permites, las observas, las ejercitas y las validas. Aprendiste que todas son necesarias y tácitas; y, por sobre todo, aprendiste acerca del privilegio de la pausa. **Ya tienes en tus manos la brújula de tu nuevo andar.**

Esta es la semana TRES, en ella gestionas y manifiestas el sentido pleno de tu existencia; lo importante es que lo hagas por decisión consciente.

En las semanas anteriores, tú, como un valiente guerrero, venciste las batallas de la **RESISTENCIA** y los dolores del **CAMBIO**. Ahora estás listo para transformarte en Avatar, y no un avatar con minúscula, porque no eres un dibujo, ni una caricatura para representarte en los medios sociales, sino un Avatar con mayúscula porque eres la revelación auténtica de esa chispa divina que eres.

Esta semana te transformas, la energía vital que dormía en ti se despierta de la insatisfacción y la rutina; te embarcas en una nueva ruta porque ya limpiaste caminos y construiste puentes nuevos. Ahora, como un Avatar, vas a disfrutar una vida plena de sentido integrando ***La fuerza de tu presente*** al florecimiento de tu nuevo comienzo.

DÍA 1
LA IMAGINACIÓN

Podemos renunciar al mundo en el cual vivimos con la misma facilidad que lo creamos. El pasado ya se fue y el futuro es una edificación que construyes con trozos de tu presente.

El cambio ya está aquí y entró en nuestras vidas. El tiempo del sacrificio ya pasó. Estás en una nueva tierra y para conquistarla vas a usar tu imaginación para que tu salud, tus relaciones familiares y de pareja, tus *hobbies* y tu carrera te den plenitud.

Durante este proceso necesitas invertir en tu imaginación, comprometiéndote a hacerla lo suficientemente fuerte y clara para que manifieste esos sueños que estaban dormidos esperando por ti.

Permite que los sucesos actuales te informen, mas no que te determinen. Llegar a este día ha dependido de ti, develaste la chispa divina que pulsaba esperando manifestarse en el ser completo que eres hoy.

Permíteme contarte una anécdota de mi vida. Cuando era niña me gustaban mis cuadernos y para mí era un deleite comenzar los días de escuela. Recuerdo ver a mi papá llegar a casa con la bolsa de los útiles escolares, los colocaba en la mesa y yo disfrutaba al desenvolverlos como si fueran regalos.

Tomaba mis cuadernos y me extasiaba viendo sus páginas en blanco, no podía esperar para escribir en ellos. Me sentía alegre y llena de ilusión, contaba los días que faltaban para comenzar el primer día de clases y llenar esas libretas con toda la información y aprendizaje de mis clases y maestros.

Pasaba horas de mi día contemplándolos y escribiendo los nombres de las materias Ciencias, Matemáticas, Cívica, Historia, Geometría… no importaba la materia, lo importante para mí era el privilegio de escribir en mis cuadernos.

Ese recuerdo de niña feliz escribiendo sobre mis cuadernos me acompañó siempre, y ahora, cuando empecé a sentir la necesidad de un cambio ante la realidad global de confinamiento y salud pública, sentí temor y la urgencia de encontrar un camino nuevo para adaptarme sin perderme. Recordé entonces eso que me hacia feliz de pequeña y usando el poder de mi imaginación me agarré de mis memorias e hice posible que hoy estés conmigo compartiendo este libro.

Te cuento mi historia con la intención de inspirarte, y más aún con la prueba personal de que sí funciona el poder de la imaginación como parte de la ecuación que necesitas para conquistar lo que buscas.

Todo lo que el hombre ha creado ha nacido desde una idea que fue primero imaginada. La imaginación es una facultad única de los seres humanos. ¡Aprovéchala!

Ejercicio #15

- Tu lugar de respiración y atención plena está integrado en ti, a donde quiera que vayas está contigo. Te conectas con la tranquilidad con solo desearlo porque ya lo integraste a tu diario vivir durante las semanas anteriores.
- Inhala, exhala y ponte de pie. Relaja tus rodillas separando un poco los pies.
- Inhala profundamente mientras abres y levantas tus brazos hasta arriba de manera que tus dedos se entrelacen. Siéntete tranquilo y confiado.
- Respira profundamente y relaja tus hombros. Observa lo que está sucediendo a lo largo de tus brazos levantados.
- Inhala y exhala lentamente regresando los brazos a su posición inicial a lado y lado de tu cuerpo.
- Siéntate y observa cómo tu respiración y el palpitar de tu corazón han cambiado.
- Usa tu imaginación, visualiza imágenes para conectarte contigo mismo y transita momentos de vida en que te hayas sentido contento.
- Respira y recrea esas imágenes y recuerdos, hazlos más nítidos y agrega lo que quieras mejorar en ellos. Estás creando tu nueva historia personal. Tú eres un protagonista feliz y con dones y talentos únicos.
- Inhala, exhala e imagina más y más, como un niño con un juguete nuevo.
- Abre tus ojos y permanece con tus recuerdos renovados.

Entrenamiento Día 15

Escribe en las líneas de abajo cómo te gustaría que fuera un día ideal en tu vida.

Ejemplos:

Hoy al levantarme y después de disfrutar mi lugar de meditación, me tomé una taza de café, escribí una lista de las cosas que quiero manifestar y completar. Luego, caminé por el patio y recogí algunas flores y frutas que ya estaban maduras. Acepté la invitación a desayunar de una amiga y conversamos de posibles proyectos que queremos hacer juntas. Después, fui a navegar por el río en kayak. ¡Fue un día acompañada de delfines y manatíes!
¡Ahora es tu turno!

¿Cómo no lo imagine antes?

DÍA 2
EL PROPÓSITO TE NUTRE

Cuando pensamos en nuestro propósito de vida lo imaginamos universal y queremos que transforme al mundo, que cambie a la sociedad o que rompa un paradigma de la humanidad. Pensar así, precisamente, garantiza que no logremos nuestro propósito personal porque lo alejamos del alcance de nuestras posibilidades inmediatas.

El ejercicio de hoy te invita a recrear tu propósito desde una plataforma más personal, desde un sueño individual, desde ese deseo que late desde lo más íntimo de ti.

Tu propósito tiene todo que ver con tus talentos, lo que te apasiona y lo que haces sin esfuerzo y con entusiasmo. El tiempo no existe cuando usas tus talentos para lograr tu propósito de vida.

El propósito nutre tus emociones, le da alas a tu imaginación y sincronía a tus proyectos. Viene innato en ti y forma parte de tu manera de ser y de actuar.

Muchos saben cuál es su talento y lo convierten en su trabajo, en un servicio; a otros, se les ha olvidado por diferentes eventos y circunstancias de la vida. Los cambios drásticos globales del momento han impactado a nuestras ilusiones. Recuperar el propósito que te entusiasma le da sentido a tu vida y la nutre.

Ejercicio #16

- Disfruta tu lugar interior de respiración y atención plena y mantenlo activo durante el día.
- Inhala profundamente, exhala con lentitud y encuentra con facilidad natural la tranquilidad y el sentido de presencia.
- Háblale a tu cuerpo y dile en voz alta a cada músculo, a cada hueso y a los órganos de tu cuerpo que se alineen en la sanidad de sus funciones.
- De la misma manera háblale a tus emociones y di en voz alta:

«Permito que mis emociones se ordenen con lo que me hace bien y me importa».

«Inhalo y exhalo, abro mi corazón al aprecio, al cariño, a la capacidad de dar y recibir, la vitalidad late en mi cuerpo en mi mente y en mis emociones».

«Esta noche al descansar me doy permiso para soñar con mi propósito personal. Recordaré momentos de mi vida donde me he sentido motivado y contento».

- Inhalas, exhalas y en estado de gratitud retomas tus actividades diarias.

Entrenamiento Día 16

No hay límites ni existen barreras para expresar tu talento. Alégrate si sientes miedo, este es parte de la dinámica del cambio y de la transformación.

Explora el entrenamiento del día de ayer, cuando escribiste cómo sería tu día perfecto y explora las emociones nuevas que te inspiraron.

Ejemplos:

Al recrear el día de ayer me sentí contento, satisfecha, realizado, aliviada, asustado, retada…

Escribe las emociones nuevas y renovadas que te han inspirado, y también las que te han preocupado.

_____

_____

_____

_____

_____

_____

_____

_____

_____

_____

_____

_____

La vida en mí quiere florecer...

DÍA 3
EL DESAFÍO QUE TE INSPIRA

Hemos aprendido que todas las emociones son válidas y necesarias porque son herramientas que nos permiten caminar nuestras vidas sin importar lo que esté sucediendo. El desafío es la habilidad que tenemos para reemplazar emociones como la agresión, el miedo y la duda por otras como la imaginación, el entusiasmo, la ilusión y el coraje.

No es algo con lo que te encontrarás, por ejemplo: un huracán, una dificultad económica o la pérdida de un proyecto. Más que una circunstancia, el desafío es algo que puedes crear conscientemente, algo que se mueve, que late, que quiere salir y cumplir su propósito en ti. ¡Siente su fuerza!

Para transformarte necesitaras prender el fuego que eres, la energía que quiere renacer en ti. No hay escasez. Siéntete seguro y apoyado por la vida misma.

Desarrollar este libro que hoy lees fue mi desafío personal. Escribir cada página, elaborar cada uno de los veintiún ejercicios e imaginar las sesiones de entrenamiento me retaron a hablarte desde el respeto y la empatía, y a la vez con la dureza del conocimiento, y así entregarte lo mejor de mi experiencia terapéutica y también de mi experiencia como ser humano vulnerable y en proceso de transformación.

Ejercicio #17

- Déjate mover desde la coherencia de tu niño interior, y desde la intuición permite que el desafío pulse en ti.
- Tu lugar de respiración y atención plena ya están integrados, están contigo donde quiera que vayas.
- Inhala profundamente y exhala soltando los hombros y las expectativas.
- Respira pausadamente y escúchate en voz alta:

«Soy armonioso, dinámico y exuberante. La vitalidad fluye en mi cuerpo y la gracia respira por mis pulmones. Soy la vida que pulsa».

- Inhala y exhala lentamente con amor y merecimiento.

«Inhalo, exhalo y con amor y merecimiento veo cómo se expande mi horizonte. Camino sobre una tierra nueva y fértil».

«Inhalo y exhalo, el miedo me reta, mi felicidad me inspira; los caminos nuevos me invitan y la luz de una nueva tierra me ilumina».

«Todo está bien, todo es exactamente como es para permitir mi evolución y mi crecimiento. La vida me sostiene».

- Mantén ese sentimiento de entusiasmo y felicítate por atreverte a declarar.

Una declaración tuya cambia tu mundo.

Entrenamiento Día 17

Escribe en las siguientes líneas qué cosas en tu vida no están funcionando como quieres y luego escribe cómo las puedes mejorar o cambiar.

Ejemplos:

El horario de mi trabajo actual, el cierre de los aeropuertos, mi círculo actual de amigos, mi salud, y otras más que tengan sentido para ti.

_____

_____

_____

_____

_____

_____

_____

_____

_____

_____

_____

_____

_____

_____

_____

_____

_____

_____

_____

_____

_____

_____

_____

_____

_____

_____

_____

_____

_____

_____

_____

_____

_____

_____

_____

_____

_____

_____

_____

Inhalando y exhalando exploro mi visión...

DÍA 4
LA FUERZA DE TU VOLUNTAD

Cuando pones tu sueño en marcha afloran emociones como la ansiedad, la inseguridad y la incertidumbre y te inclinas a postergar el llamado a ejecutar las acciones para alcanzar tus metas. Reconocer tu humanidad y aceptar que es válido que te sientas así, da paso a que aflore el superhéroe que vive en ti. Experimenta el impulso dulce que puede cambiar tu mundo, la fuerza que pulsa generando más vida: ¡La fuerza de tu voluntad!

La motivación no es la respuesta, porque es externa y de poca duración. La fuerza de voluntad sí lo es, porque es parte de tu naturaleza, te pertenece y se va contigo solo cuando mueres. La costumbre a ciertos hábitos como la pereza, el desánimo y la falta de compromiso hipnotizan tu voluntad, la distraen para que no logres lo que te has propuesto.

La motivación que no proviene de ti es un sofisma que te distrae y te mantiene alejado de tu propósito. En el lado opuesto, el esfuerzo, la dedicación y la persistencia constituyen el vehículo que no te permitirá postergar ese llamado. La fuerza de voluntad es TU FUERZA, la que transforma y logra tu propósito.

Entrena tu fuerza de voluntad y conviértela en un hábito, este liberará tu sueño atrapado, despertará esas energías dormidas y todo lo que te generaba insatisfacción. Apodérate de tu brújula de transformación.

Ejercicio #18

Los momentos donde tenemos que esforzarnos por la supervivencia son lugares emocionales donde ejercitamos la fuerza de voluntad. La respiración y la atención consciente se integran y caminan contigo, y se convierten en tu mejor hábito.

• Inhala y exhala, sintiéndote tranquilo y listo para integrar una fuerza nueva en tu proceso de renovación.

• Imagina que caminas por un paisaje donde hay árboles de diferente grosor y tamaño, con colinas y montañas de diversas alturas, también hay ríos y lagos.

• Imagina que estás subiendo a un árbol, escalando la montaña, nadando en el río o buceando en el mar. Te sientes valioso, confiado y despierto, y agradeces el nuevo entusiasmo que tienes por la vida.

• Inhala y exhala, abre tus brazos y grita: **«¡Creo en la vida!, ¡estoy haciendo mis sueños realidad!, ¡abro mi corazón a la sabiduría!»**.

• Inhalas, exhalas y te das cuenta de que la parte de ti que se sentía quebrada y perdida se ha restaurado. Te perdonas la pereza y la falta de compromiso, y dejas ir esas emociones porque ya no son necesarias en tu vida.

• Coloca las manos sobre tu corazón y di en voz alta: **«Creo en mi esfuerzo, mi dedicación y mi persistencia, mi fuerza de voluntad es y está conmigo»**.

• Reconoce qué emociones te transitan en este momento de reto. Obsérvalas e intégralas a tu estado de ánimo.

• Camina el resto del día con la satisfacción del superhéroe que vive en ti.

Entrenamiento Día 18

Recuerda un evento difícil que hayas superado y del que te sientes orgulloso; eso que al final le dio a tu experiencia humana un nuevo significado.

En las líneas siguientes describe las emociones que te sacudieron durante ese evento.

Ejemplos:

- Cuando decidí vivir en los Estados Unidos y mi familia no estaba de acuerdo...
- Cuando dejé un trabajo que no me gustaba, aún sin tener otras opciones a la mano...
- Cuando decidí comenzar un proyecto solo con mis sueños y sin los medios económicos...

Se asoma el sentido de mi vida...

DÍA 5
LA CERTEZA QUE TE ENFOCA

Más que una probabilidad, la certeza es una posibilidad que escoges, porque la vida real es incierta. Este comienzo de década nos lo ha demostrado, y lo paradójico es que lo cierto va de la mano de la incertidumbre. La vida siempre nos sorprende con lo inesperado. En el caos y la espontaneidad sucede la vida. No esperes que el mundo sea predeterminado y seguro para caminar en él; estarías pidiendo un lugar que no se mueve ni se sostiene.

La certeza es la brújula que te muestra el polo hacia donde tu ser quiere dirigirse, está en tu interior para navegar tu exterior, es la única herramienta que no puedes perder para conquistar lo que quieres en un mundo que por naturaleza es incierto

Cuando construyes tu desafío te sientes en unión con tu alma, sin la presión por sobrevivir, sino con el entusiasmo por emprender un nuevo camino guiado por tu llamado personal; el de tu alma que no se equivoca, no tiene miedo ni prejuicios.

Cuando crees que conoces todas las respuestas, llega la vida y te cambia todas las preguntas.

Ejercicio #19

En el ejercicio de hoy vas a explorar lo incierto y desconocido con la guía de tu brújula interna.

- Entras en tu estado de respiración consciente y atención plena.
- Ponte de pie, inhala profundamente y levanta los hombros. Ahora exhala y permite que tu columna se acomode como una *S* suave dentro de tu cuerpo.
- Inhala, a la vez que mueves el peso de tu cuerpo a la pierna izquierda. Y al exhalar das un paso hacia adelante con tu pie derecho. Pronuncia esta frase en voz alta: **«Con entusiasmo camino hacia adelante»**.
- Inhala y exhala, esta vez coloca tu peso en tu pierna derecha. Piensa en tus fortalezas, talentos y habilidades naturales.
- Inhalas, exhalas, y dando otro paso al frente recuerdas tu desafío. Míralo con gratitud y permite que tu brújula interna te indique el siguiente paso.
- Respira profundamente y di en voz alta:

    «Estoy lleno de vitalidad y la inteligencia divina me impulsa».
    «Inhalo y exhalo, y siento el palpitar de mi corazón que late con armonía. Sus pulsaciones me enfocan y alinean con mi propósito personal».

- Inhala y exhala. ¡Abraza tu vitalidad!

Entrenamiento Día 19

En las siguientes líneas escribe las emociones que te imaginas que puedes necesitar para conquistarte.

Ejemplos:

La ilusión, el susto, la creatividad, la duda, la motivación… ¿Qué otras emociones se estimulan en ti creando tu nuevo reto?

Puedes empezar así:

Mi (*escribe aquí tu desafío*) lo construyo con (*escribe aquí tus emociones*).

_____

_____

_____

_____

_____

_____

_____

_____

_____

_____

_____

_____

Inhalando y exhalando comienza mi aventura...

DÍA 6
EL VALOR DE DOS: LA HERMANDAD

El agua —dos moléculas de hidrógeno y una de oxígeno— se unen a una presión y temperatura especificas para generar vida, es el poder de la unión de estos dos componentes que siendo distintos producen el elemento más importante de la vida en la tierra.

El agua nos enseña cómo dos elementos químicos, que individualmente tienen diferentes características, al hermanarse producen otro donde ocurre la vida.

En el camino de la transformación, la presencia de un acompañante idóneo, con características que apoyen tu potencial, desencadena resultados sostenibles y sólidos de lo que persigues. En este día te invito a pensar en ese hermano que te va a apoyar en tu camino a la transformación. Así como el agua, nosotros los seres humanos necesitamos de alguien que con interés auténtico nos apoye y recuerde nuestro potencial. De eso se trata la hermandad en este nuevo camino, de tener un soporte genuino que te permita confiar, dejar que otro te acompañe por un tiempo en tu nuevo andar. Descubrirás que hay otras personas que vibran con tu propósito personal.

Este día te invita a escoger un compañero para tu desafío, que abraces la potencia que reposa en la hermandad, y que conozcas la sinergia que ocurre cuando 1+1 es más que 2.

Ejercicio #20

- Disfruta tu estado natural de sosiego y paz interior.
- Inhala y exhala. Imagínate un paisaje donde te sientes seguro y confiado.
- Recuerda todos los lugares que has visualizado durante estas tres semanas y todas las emociones que has transitado hasta ahora. Acéptalas, valídalas y reemplázalas si es necesario.
- Inhala, exhala y di en voz alta: «La confusión, la preocupación y el conflicto se desvanecen porque ya no son necesarias en esta etapa de mi vida».
- Imagina que a tu lado derecho e izquierdo están los hermanos que has elegido como acompañantes en tu camino de transformación.
- Inhala y exhala, te imaginas estrechando sus manos. No tienes miedo ni hay rivalidad. Siente las oportunidades. Mira la vida mostrándote nuevas direcciones y sintiendo el apoyo y la solidaridad de quienes te acompañan.
- Siéntete tranquilo y confiado; escucha cómo tu corazón late con armonía, y conserva este estado de ánimo.

Entrenamiento Día 20

En las siguientes líneas escribe los nombres de las personas que incluiste durante el ejercicio de la página anterior.

Al lado de cada nombre escribe las cualidades de esas personas que te inspiran. Identifica las emociones que emergen en ti y que te hacen sentir respaldado por ellos.

Inhalando y exhalando, somos...

DÍA 7
PAUSA

El tercer regalo:

¡La conquista eres TÚ!

L a pausa es tan fuerte como el equilibrio, es como un trompo que entre más centro tenga, más bonito baila, y más se disfruta verlo danzar. De igual manera, las notas musicales mantienen su ritmo con espacios de pausa entre una y otra, tan perfectos que escuchas una sinfonía.

La pausa no es una emoción, es un lugar del alma desde donde puedes moverte y caminar hacia donde quieras y sin dudas, con la sana expectativa que produce el descubrimiento. La pausa alimenta el coraje y el valor necesarios para afrontar situaciones de riesgo.

Quita la prisa de tu interior, llega sin esfuerzo, sin la presión de la competencia de querer ser lo que no eres, porque si te permites ser tú, llegarás a donde quieres. Se activarán la endorfina, la dopamina y la serotonina para proveerte del valor y la alegría necesarios para que construyas nuevas estrategias y darle un renovado curso a tu experiencia vital. ¡La nobleza tiene su fundamento en la capacidad de tomarte un respiro!

Ejercicio #21

¿Cómo estás?

Cuéntame de la motivación que te surge al término de tus tres semanas de claridad y limpieza emocional y sobre los pensamientos que fluyen en ti al terminar esta lectura.

Este libro lo hiciste tuyo con cada ejercicio que desarrollaste durante cada uno de estos veintiún días. Escribe un pensamiento que guíe tu nueva ruta de navegación, el que la nueva tierra requiere de ti; este pensamiento es tu brújula de ahora en adelante.

_____

_____

_____

_____

_____

_____

_____

_____

_____

_____

_____

_____

_____

¡Inhalando y exhalando me conquisté!

Entrenamiento Día 21

En un mundo incierto y volátil tenemos dos opciones: la desesperanza o el equilibrio, ¿qué escoges tú?

- Piensa en lo nuevo que has descubierto para tu vida.
- Escribe las direcciones que marcan la ruta de tu nuevo propósito.
- Permite que la brújula que gravita en tu mente sea guiada por los deseos de tu corazón. ¡Magnetízate!

¡Tu único riesgo fue que te encontraste!

PARTE III

Y AHORA, ¿QUÉ SIGUE?
¡TU SOBERANÍA!

«Todo lo que necesitamos es un maestro que nos convenza de que existe un poder incalculable al alcance de la mano».
Carlos Castañeda, *El conocimiento silencioso*

Con tus ojos abiertos ponte de pie y siente en equilibrio tu presencia. Respira profundamente a la vez que levantas los hombros y rótalos hasta que tu columna consiga una posición natural donde te sientas cómodo y descansado.

Una mente tranquila en este nuevo tiempo es una bendición, y esa tranquilidad no necesariamente significa que te encuentras en un lugar hermoso y pacífico, rodeado de pájaros con el sonido agradable de fuentes de agua fluyendo alrededor; así no es para nada el verdadero sentido de la paz interior.

Dando un paso hacia adelante desde *La fuerza de tu presente*, grítale a tus resistencias. Grita las frases que te salgan, esas que resuenan desde el niño interior que se había perdido y que hoy encuentra su voz. Eres el soberano de tu vida.

Tú, el conquistador, estás listo para dibujar nuevos mapas. Di en voz alta y con tu frente levantada:

«¡Se acabó mi debilidad para reclamar lo que me pertenece!».

«¡Hoy termina mi culpa de creer que no fui suficiente!».

«¡Hoy me expreso dejando atrás los prejuicios sociales!».

«¡Hoy dejo atrás todo lo que me disminuye!».

«¡Hoy suelto todo lo que me hace sentir inadecuado!».

«¡Hoy me reconozco con mis talentos y mis valores que me hacen valioso y único!».

«¡Hoy me amo!».

¡Cuántas cosas vitales están sucediendo con la fuerza de tu vida en este mismo momento!

Para hacer sostenible tu soberanía existen tres fundamentos emocionales que, en mi experiencia personal y profesional con mis clientes, he descubierto que conforman la esencia de una vida sostenible y plena de sentido: **el autoconcepto, la autonomía y la autoestima.**

TU AUTOCONCEPTO

El concepto que tienes de ti mismo impacta tu diario vivir, incluyendo tus fortalezas y debilidades. Aparentar o pretender ser quien no eres, es un trabajo innecesario, no tienes que hacerlo más. Ahora tienes la fuerza del conocimiento de todos los aspectos que te caracterizan y te hacen lo que realmente eres, sin compararte con nadie, sin buscar agradar ni ser aceptado, sin expectativas de perfección, sino de ser y vivir con significado.

Sabes que eres el timón que te sostendrá en este nuevo camino. Tu sana costumbre de meditar a diario te conectará con ese yo que genuinamente recuperaste durante estas tres semanas.

Ya caminas en tu estilo de vida, conoces tus fortalezas, sabes cuándo quedarte en el regazo de la pausa y permitir que la vida te suceda. Consientes que tu carrera, tus bienes materiales, tus relaciones personales, tus proyectos, y toda tu experiencia vital sean sustentadas por tu inocencia, tu identidad y tu sabiduría.

¿Por qué existes?, porque eres único, diferente y necesario para la evolución como especie; porque fluyes como entidad inteligente y espiritual con el potencial de la felicidad; porque inspiras y apoyas a tu comunidad.

TU AUTONOMÍA

La capacidad de dirigir con responsabilidad, intención y plenitud es la autonomía que sostiene tu vida; esta es la base misma de la existencia.

Imagina por un momento que no existe una economía de bienes y servicios, que lo que haces con tu talento es porque lo disfrutas.

Tener un propósito no te garantiza la plenitud;
es la autonomía de dirigir una vida la que te permite
cumplir los propósitos que quieres.

Sin estar en desacuerdo con las propuestas de éxito y búsqueda de felicidad con la que algunos autores y motivadores ayudan a otros a lograr sus metas, mi propuesta para ti es explorar una experiencia personal de bienestar a través de tu fuerza personal; donde eres tú el que puedes y sabes llegar a tu propio interior y sanarlo. Asimismo, te propongo desarrollar tareas que estén dirigidas por tus talentos, que ejecutarás casi sin esfuerzo, pero sí con la dedicación y el compromiso de explorar otras formas de hacer las cosas.

No es lo mismo buscarle un significado a la vida que tener una vida plena de sentido. Tu autonomía es tan natural en ti como tu respiración y tu estado de atención plena; es la fuerza que reside cuando sientes y piensas de acuerdo a lo que quieres y haces.

Eres autónomo, tienes el derecho total de dirigir y gobernar tu vida de la manera como ya descubriste que te da plenitud, viviendo en la tierra del sosiego donde todo se da y se desarrolla de manera natural y espontanea.

En el centro de tu ser tienes la respuesta cuando sabes quién eres y lo que buscas.

TU AUTOESTIMA

¿Poder personal? ¿Naces con él? ¿Y si no?

Nuestro sistema neurológico es el más evolucionado de todas las especies; física, material y espiritualmente somos el punto más alto de la evolución.

Buscamos el bienestar propio a través de la autoestima, y ese poder personal no tiene nada que ver con lo exitosos o productivos que seamos en la vida. La autoestima surge de nuestra energía construida desde el conocimiento de que somos luz, sabiduría y compasión. **De eso se trata la autoestima, naces con ella, es tu capacidad innata de experimentar lo divino, capitanear, crear y transformar tu vida como el soberano que eres.**

Coloca la bandera de tu conquista, dale un nombre, atesóralo y ámalo porque eres suficiente y abundante, porque tienes el talento personal, porque eres válido, porque rescataste tu soberanía y el galardón eres tú. Abraza tu nuevo estilo, sirve con tu talento y propósito personal y también elige con quienes quieres danzar.

No hay píldoras ni recetas mágicas para conseguir este estado de merecimiento. Tu autoestima es la que lo logra: ¡atesórala!

Inhalo, exhalo y reconozco el poder de mi presencia.

Acerca de la
AUTORA

Leonor Reales, escritora y educadora en las Ciencias Humanas y Sociales, máster certificada en Hipnosis Clínica, Coaching transformacional en Sicología Holística, licenciada en Sintergética y certificada internacionalmente como Coach Ontológico y Organizacional.

Usa su experiencia en las culturas occidentales y orientales para asistir a sus clientes a trascender eventos personales y manifestar sus potencialidades como seres humanos.

Sus métodos son naturales y sostenibles: la respiración consciente, los estados de atención plena, la meditación, la hipnosis clínica y las conversaciones de transformación.

Dentro de su actividad actual se encuentra el proyecto internacional: «Una Vida Plena de Sentido», con actividades, conversaciones de cambio y transformación y foros para jóvenes y adultos que han perdido o no encuentran el sentido y el norte de sus vidas.

Encuentra más información en:

- Leonor_reales
- Leonor_reales
- Canal YouTube Leonor Reales
- Email Leonor.reales@live.com

Testimonios

«Soy piloto y pasaba por un divorcio; sin saber cómo manejar la soledad, sentía mi pecho apretado y sin tener con quién hablar, apareció *La fuerza de tu presente* con esos veintiún días de claridad emocional que me dio el sentido de equilibrio y la alegría de empezar de nuevo». (Juan O. [57]).

«Ya mi vida se estaba complicando, nunca pensé que tomar este camino de limpieza emocional fuese necesario siendo yo tan joven. Sin embargo, me asusté cuando me despertaba todos los días aburrido y sin motivación para vivir. Esta lectura y la forma como su autora me involucró en los ejercicios, abrieron puertas de sentido y propósito para mi mundo que parecía incierto». (Luis C. [19]).

«La presión y el estrés estaban siendo demasiados para yo manejarlo, había perdido mi trabajo y habían cerrado la escuela de mi niño. Los veintiún días de limpieza emocional fue más que una respuesta, fue el rescate mi autoconcepto y el sentido de plenitud que mi vida tiene hoy». (Daniela G. [33]).

«Entendí que una verdadera limpieza emocional es evolucionar, transformarnos para nuestro propio beneficio. Leer y escribir sobre el libro me dio un significado real de mí misma». (Mayela R. [50]).

«Caminé en estos veintiún días por un sendero del autoperdón, solté mis sentimientos de culpa y ahora disfruto de la tranquilidad y alegría que me había negado, siento la llenura de lo mejor de mí». (Marlene R [62]).

«*La fuerza de tu presente* con sus veintiún días de *detox* la llamo la superterapia que me ayudó en todo, especialmente a darme cuenta de los hábitos que, aun sabiendo que no me hacían bien, no sabía cómo eliminarlos de mi vida. Al completar mis tres semanas aprendí de mí y mis reacciones, ahora me doy cuenta y escojo lo que soy». (Yani P. [23]).

«Mi esposo y yo vivíamos circunstancias difíciles en nuestro país con desesperanza y frustración, no podíamos hacer nada porque todo escapaba de nuestro control. Con el *detox* emocional de veintiún días la tensión y el miedo se fueron y nació en nosotros esa fuerza de la que el libro habla. Recuperamos el optimismo y la claridad en nuestras vidas. Aún en medio de todo lo que sigue sucediendo, aprendimos que había otras posibilidades que nos transformaron para bien». (Emilen A. [57]).

«Las meditaciones diarias y los ejercicios de *La fuerza de tu presente* despertaron en mí la fortaleza y la seguridad de que todo iba a ir bien, y, efectivamente, así se manifestó mi nueva realidad, ya la tristeza y los ataques de ansiedad no viven conmigo, mi mundo cambió, creo que le debo una a esta autora» (Alfonso F. [52]).

«Enriquecedor aprendizaje, solté mis miedos y aprendí a vivir el presente con plena consciencia, *La fuerza de tu presente* es un aprendizaje valioso porque se integró de verdad en mi vida». (Tatiana M. [41]).

«*La fuerza de tu presente* y su autora han transformado mi vida de una manera trascendental, la sabiduría y la luz de sus ejercicios y los entrenamientos se volvieron las páginas de mi libro personal. Estoy llena de gratitud y alegría de que este libro esté disponible para todos y que otros también tengan, como yo, el privilegio de una vida magnífica y plena de sentido». (Adriana D'A. [39]).

Y entonces, asustada le pregunté
a mi madre ancestral:
—¿Qué hacer ante los cambios que están
ocurriendo en el mundo?

Ella, con una respiración profunda
y pausada me habló:
—Crea mapas y puentes nuevos sin temor a los
vientos cambiantes, ellos solo refrescarán tus
posibilidades, y consigue una brújula nueva,
esa que la nueva tierra te requiere.
Y su sabia respuesta me inspiró
a escribirte este libro…

www.ingramcontent.com/pod-product-compliance
Lightning Source LLC
LaVergne TN
LVHW011914080426
835508LV00007BA/530